Herbert Kaefer

Neue Taufgottesdienste

Thematische Modelle
für die Feier der Kindertaufe

Herder
Freiburg · Basel · Wien

*Dieses Buch widme ich den Taufvorbereitungskreisen von
St. Germanus, St. Hubertus und St. Martin, Aachen.
Ihnen und vielen Eltern verdanke ich zahlreiche Anregungen
zu diesem Buch.*

2. Auflage

Gedruckt auf umweltfreundlichem,
chlorfrei gebleichtem Papier

© Verlag Herder Freiburg im Breisgau 1998
Textverarbeitung: Fotosatz G. Scheydecker, Freiburg
Druck und Einband: fgb · freiburger graphische betriebe 2001
www.fgb.de
ISBN 3-451-26524-9

Inhalt

5. Teil: Vieles kann zum Zeichen werden

Anhang

Einleitung

1. Zur Situation

Die folgenden Beispiele für Tauffeiern mit einem thematischen Akzent stehen in diesem konkreten Kontext:

Ich arbeite seit über 20 Jahren als Gemeindepfarrer mit haupt- und ehrenamtlichen Mitarbeitern und Mitarbeiterinnen in drei Aachener Gemeinden. In diesen Gemeinden taufe ich im Jahr ca. 50–60 Kinder. Manche Eltern sind zu Beginn des Taufgesprächs noch unentschieden, ob sie ihr Kind taufen lassen wollen. Die Zahl älterer Taufkinder wächst; seit Jahren sind 10–20 Prozent der Kinder 5–11 Jahre alt.

Vor jeder Taufe besuche ich die Familien. Die Taufgespräche dauern etwa zwei Stunden, manchmal finden mehrere Gespräche statt.

Nachdem ich mich nach dem Kind und der Gesundheit der Mutter erkundigt habe, ist ein zentrales Thema im Taufgespräch die Frage der christlichen Erziehung. Dieses Thema ergibt sich aus den Äußerungen der Eltern, wenn sie z. B. aus der Kirche ausgetreten sind, aber ihre Kinder christlich erziehen wollen, und ich sie nach dem Grund frage, oder wenn wir darüber sprechen, warum sie ihr Kind mit 5 Jahren oder älter taufen lassen wollen, oder wenn wir über den Taufritus sprechen, wo die Eltern sich zu Beginn zur Erziehung ihres Kind im Glauben verpflichten.

Wir sprechen meist ca. eine Stunde über (Erziehung im) Glauben. Der kurze Zeitrahmen zwingt mich, immer wieder über Grundelemente christlichen Glaubens nachzudenken. Ich kann nicht alles ansprechen, ich will nicht beliebig auswählen. Ich möchte, daß in den Bruchstücken meiner Worte das Ganze unseres Glaubens durchschimmert — so wie in einem Samenkorn oder in einem Kind die Anlagen für die weitere Entwicklung stecken. Dabei verläuft selbstverständlich jedes Taufgespräch anders, da ich auf die Glaubenssituation der Eltern und ihre Äußerungen einzugehen versuche.

Beispiel 1: Die Eltern beginnen das Gespräch direkt mit der Äußerung: Wir haben fast ein Jahr darüber nachgedacht und gestritten, ob wir unser Kind überhaupt taufen lassen wollen...
Beispiel 2: Wir wollen unser Kind taufen lassen. Warum? Es soll kein Außenseiter werden. Außerdem sind wir ja auch getauft. Wir sind zwar keine Kirchenläufer, aber man braucht auch nicht in die Kirche zu gehen, um ein guter Christ zu sein, vielleicht ist man sogar ein besserer, als die, die jeden Tag in die Kirche rennen. – Wann ist man denn ein guter Christ?
Beispiel 3: Als nach den Problemen der Schwangerschaft und 22 Stunden im Kreißsaal unser Kind endlich da war, so klein, die kleinen Öhrchen und Händchen, da habe ich gedacht: Das ist ein Wunder... Wir wollen es taufen, damit ihm nichts passiert...
Am Ende des Taufbesuchs wird u. a. eine Vereinbarung über einen Tauftermin getroffen.
In unseren Gemeinden finden Tauffeiern mit jeweils bis zu vier Familien statt. Die beteiligten Familien treffen sich untereinander meist zweimal mit ehrenamtlichen Mitarbeiterinnen und bereiten „ihre" Taufe gemeinsam vor. An den Tauffeiern nehmen etwa 100 Personen teil, darunter sind fast immer 15 bis 20 Kinder im Alter zwischen 4 und 12 Jahren.

2. Die Beteiligung von Eltern, Kindern und ehrenamtlichen Mitarbeiterinnen aus der Gemeinde

Seit Jahren wünschen sich Eltern, daß ich Kinder in die Tauffeiern aktiv einbeziehe. Zuerst ging es um Geschwister und Kinder von Verwandten, dann um Kindergarten- oder Kommuniongruppe, wenn ein älteres Kind getauft wurde. Kindgemäße Lieder, das Mitbringen der eigenen Taufkerze, ein Kreuzzeichen mit dem Taufwasser u. ä. genügten den Erwartungen der Eltern bald nicht mehr. „Die Feier der Kindertaufe" sagt: „Es ist Aufgabe der Seelsorger, darum bemüht zu sein, daß jede Tauffeier ... den Verhältnissen und Wünschen der beteiligten Familien möglichst weit entgegenkommt. Der Taufende möge sich an die vorgesehene Ordnung halten. Er sei bestrebt, den Teilnehmern der Feier menschlich und liebenswürdig zu begegnen." (Nr. 25) Mußte ich also den Eltern nicht entgegenkommen? Zudem erkannte ich: Für Kinder kann die Teilnahme an der Taufe z. B. eines Geschwisters eine Tauferinnerung, vielleicht sogar eine Tauferneuerung sein. Eltern erzählten, daß sie mit ihren älteren Kindern Fotos von deren Taufe angeschaut, die „alte" Taufkerze herausgesucht und ein Taufheft erklärt haben.

Die Tauffeier ist eine Feier, sie soll gewiß keine Katechese und kein bloßer Kindergottesdienst werden, aber inzwischen sehe ich eine große pastorale Chance darin, wenn Taufeltern sich mit ehrenamtlichen Mitarbeiterinnen treffen und über Taufe und Glauben und die Gestaltung ihrer Tauffeier und Beteiligung der Kinder miteinander sprechen. Inzwischen habe ich in den drei Gemeinden Kreise ehrenamtlicher Mitarbeiterinnen aufgebaut. Durch ihre Mitarbeit sehe ich ein wenig die Forderung der „Feier der Kindertaufe" erfüllt: „Es ist von großer Bedeutung, daß schon bei der Vorbereitung der Taufe Mitglieder der Gemeinde den Priestern und Diakonen helfen." (Nr. 20) Vielleicht sieht man es bald sogar umgekehrt: Daß Priester und Diakone den Gemeinden bei der Vorbereitung der Taufe helfen.

Die vorliegende Schrift will für ehrenamtliche Mitarbeiter/innen, für Priester und Eltern Hilfen anbieten, Tauffeiern persönlich und kreativ im Rahmen des vorgegebenen Ritus zu gestalten.

3. Grundelemente des Ritus

„Die Feier der Kindertaufe" gliedert den Taufritus (Nr. 10–15). Ausdrücklich verweist sie auf Auswahlmöglichkeiten und Anpassungen an die Situation (Nr. 62–63).

3.1. Eingangsriten: Alle Tauffeiern beginnen mit einem Gesang und mit der Begrüßung der Familien. Es folgt ein ritualisiertes Gespräch mit Eltern und Paten. – Ich habe gute Erfahrungen damit gemacht, wenn die Eltern mit den Täuflingen, Geschwistern und Paten nach vorne kommen und sich mit eigenen Worten vorstellen. Dabei möchten sie sich mit Namen vorstellen und sagen, daß / warum sie ihr Kind taufen lassen möchten und daß / wie sie sich eine christliche Erziehung vorstellen.

9

Beispiel 1: Wir sind... Wir haben uns 8 Jahre ein Kind gewünscht. Wir freuen uns riesig, daß wir ein gesundes Kind haben. Wir wollen Gott danken und unserem Kind unseren Glauben an Gott weitergeben, weil wir glauben, daß gerade in unserer Zeit ...

Beispiel 2: Wir heißen... Vor einem Jahr hätten wir noch nicht daran gedacht, heute mit unserem Kind zur Taufe zu kommen. Ich/mein Mann ist aus der Kirche ausgetreten, weil wir ... nicht gut finden. Trotzdem wollen wir heute unser Kind taufen lassen, weil...

Beispiel 3: Wir sind... Wir stammen aus dieser Gemeinde, wir hatten hier unsere Erstkommunion und unsere Hochzeit. Seit zwei Jahren sind wir beruflich in... Dort haben wir noch keine Kontakte zur Wohnortgemeinde. Wir werden auch dort nicht bleiben. Als unser Kind zur Welt kam, haben wir uns überlegt... Unsere religiösen Wurzeln sind hier. Wir möchten, daß unser Kind...

Manchmal vereinbaren die Eltern, daß einer/eine als Sprecher/in für alle sagt, warum sie die Kinder taufen lassen möchten.

Die Vorbereitung und das „Glaubensbekenntnis" vor der Familie und den Gästen sind von außerordentlichem pastoralen Wert! Dabei ist das Ausdrucksvermögen gewiß sehr unterschiedlich; es kommt jedoch nicht auf eine perfekte Rede an. Aber oft ist es seit der Firmung das erste Mal, daß die Eltern über ihren Glauben ausdrücklich nicht nur nachdenken, sondern sich öffentlich äußern.

Zum Zeichen ihrer Bereitschaft zu einer christlichen Erziehung zeichnen Eltern und Paten ein Kreuz auf die Stirn der Täuflinge; der Priester betont das gemeinsame Bemühen, indem auch er ein Kreuz auf die Stirn der Kinder zeichnet.

Die Eröffnung der Tauffeier schließt mit einem Gebet: Dafür werden einige selbst formulierte Beispiele angeboten, die auch als Einleitung zu einem offiziellen Gebet genommen werden können. – An sich gehört dieses Gebet zur Rolle des Zelebranten; gelegentlich äußerten Eltern den Wunsch, gemeinsam das Gebet aus dem Gotteslob für ihre Kinder zu sprechen (GL 25,2).

3.2. In den folgenden Vorlagen hat der Wortgottesdienst jeweils einen besonderen thematischen Akzent. „Die Feier der Kindertaufe" weist schon darauf hin, daß Kinder in einen geeigneten Raum gebracht werden können. Statt dessen bieten die folgenden Vorlagen

meist ein kurzes Gespräch mit Kindern und eine Homilie; außerdem werden Möglichkeiten der Beteiligung skizziert. Oft ist es in
der Praxis so, daß das Gespräch mit den Kindern und die Homilie
an die Eltern ineinander übergehen oder daß ich nur Gespräch oder
Homilie nehme. Die Anregungen dieses Buches wollen eher eine
Gedankensammlung als eine genaue Vorlage sein!
Der thematische Akzent hängt mit der Taufe zusammen und greift
oft ein Symbol der Taufe auf. Häufigstes Thema ist natürlich das
Wasser. Auch die Tauf-Kerze und die Hand(auflegung) knüpfen
unmittelbar an Symbole der Taufe an. Aber auch bei den anderen
Symbolen wie z. B. Baum, Stern, Fisch, Haus usw. stelle ich einen
Bezug zu Glauben und Taufe her.
Entsprechend dem thematischen Akzent werden passende biblische
Lesungen angeboten. „Die Feier der Kindertaufe" druckt einige
Taufperikopen ab und erklärt: „Man kann auch eine andere, dem
Wunsch oder der Situation der Eltern entsprechende Schriftlesung
wählen."
Im Anschluß an Gespräch und Homilie folgen Möglichkeiten zur
Gestaltung der Fürbitten: Beim Thema „Hand" z. B. schreiben Eltern,
Paten, Geschwister und Gäste auf eine Papierhand mit ihren Um-
rissen, was sie dem Täufling erbitten; beim Thema „Wasser" schüt-
ten sie ein wenig Wasser in die Taufkanne und sagen, mit welchem
Wasser ihr Kind getauft werden soll; beim Thema „Kerze" schmük-
ken sie die Taufkerze mit Symbolen aus Verzierwachs und sagen
dazu ihre Bitten.

3.3. Die Feier des Sakramentes und die abschließenden Riten fol-
gen dem allgemeinen Ritus und werden deshalb hier nicht wieder-
holt.
Dieses Werkbuch bietet bewußt keine „kompletten" Tauffeiern! –
Bei einzelnen Tauffeiern wurden ein Gebet zur Taufwasserweihe
und Fragen zum Taufbekenntnis passend zum Thema formuliert.
Im Fall, daß die Glaubensfragen thematisch formuliert sind, folgt
stets ein offizielles Glaubensbekenntnis: Das ist die gemeinsame
Glaubensbasis der Kirche. Ich stelle das zur Diskussion.
Beim Taufbesuch weise ich die Familien darauf hin, daß ältere Kin-
der ihre Taufkerze mitbringen können; nach wenigen erklärenden
Worten zünden sie sie vor dem Glaubensbekenntnis an.

Gerne fordere ich die Kinder auf, nach der Taufe ihre Finger in das Taufwasser zu legen und ein Kreuzzeichen zur Erneuerung der eigenen Taufe zu machen.

Selbstverständlich werden gerade die abschließenden Riten meist so (frei) formuliert, daß auch Kinder sie verstehen.

Zum Vaterunser stellen wir uns oft im Kreis um den Altar und reichen uns zum Zeichen der Verbundenheit die Hände. Manchmal strecken die Kinder zum Segensgebet ihre Hände aus.

Fast immer gestalten die Eltern für „ihre" Tauffeier ein kleines Heft. Auf der Titelseite ist ein Taufsymbol; außerdem stehen die Namen der Täuflinge darauf sowie Ort und Datum der Taufe. Im Heft stehen die Lieder, manchmal auch die biblischen Lesungen und die Fürbitten sowie Vaterunser und Segensgebet. Auf der Rückseite wird oft ein „moderner" Text zum Symbol oder zum Thema Kinder oder Taufe allgemein abgedruckt. Diese Hefte werden gerne mitgenommen, in Foto- oder Taufalben gelegt und unter den Eltern weitergegeben.

Vor einiger Zeit feierte ich eine Taufe mit einer Gruppe von Kommunionkindern. Als wir davon sprachen, was bei der Taufe geschieht, sagte ein Junge: „Da werden die Kinder begossen." Die Erwachsenen lachten, aber als der Junge merkte, daß ich ihn weiter sprechen lassen wollte, fuhr er fort „...damit sie gut wachsen."

Ich wünsche den Kindern zur Taufe, daß sie durch den Glauben und die Liebe Gottes und der Menschen gut wachsen und zu guten Menschen heranwachsen.

Aachen, im Oktober 1997   *Herbert Kaefer*

Erster Teil
Vom Baum des Lebens

1 Aus einem kleinen Anfang kann Großes wachsen

Vorbemerkungen und Vorbereitungen

Aus einem kleinen Anfang kann Großes wachsen: aus dem kleinen Senfkorn ein Strauch, in dem sogar die Vögel Nester bauen, und aus dem kleinen Apfelkern ein Baum. Auch das kleine Kind, das getauft wird, soll zu
einem erwachsenen Mensch mit einem entwickelten Glauben heranwachsen.
Vorzubereiten sind: Senfkörner, Apfelkerne und je Täufling ein Apfelbaum
aus Kork (aufgeklebt auf einer dünnen Spanplatte oder einem dicken Karton): Entweder hat er die Umrisse eines Baumes und Stamm, Äste und
Blätter sind in groben Linien angedeutet, oder der Baum ist von vorne-
herein nur auf einen Plakatkarton aufgemalt. Die Wünsche/Fürbitten werden auf Papiervögel aufgeschrieben und mit Stecknadeln auf die Korkwand
bzw den Plakatkarton geheftet. — Mit entsprechenden Veränderungen
können auch Früchte auf den Korkbaum geheftet werden. Die eingeklam-
merten Teile (Wasser laßt wachsen und Ein kleiner Baum wächst nicht von
allein) können weggelassen werden.

Text

Solange die Kinder klein sind, gib ihnen Wurzeln,
sind sie älter geworden, gib ihnen Flügel!
(Indisches Sprichwort)

Lieder zur Auswahl

Alle Knospen springen auf / Kleines Senfkorn Hoffnung / Menschenkinder auf dieser Erde / R. Mey, Mein Apfelbäumchen

1. EINGANGSRITEN

Lied

Begrüßung

Liebe Eltern, draußen blühen die Bäume/setzen die Bäume Früchte an, aus kleinen Anfängen wachsen reife Früchte. Das soll ein Bild für das Leben Ihrer Kinder sein: Noch sind sie klein, aber sie werden wachsen und Früchte tragen.

Vorstellung der Tauffamilien

Bezeichnung mit dem Kreuz

Gebet

Gott, in einem kleinen Anfang kann Großes stecken. Wir bitten dich: Laß diese Kinder zunehmen an Größe und Alter, an Liebe und Weisheit. So bitten wir durch Christus.

ODER

Gott, das Leben der Kinder und auch unser Leben beginnt winzig klein. Du schenkst uns Wachstum und Entfaltung. Wir danken dir durch Christus.

ODER

Gott, wir staunen, wie sich im kleinen Kind deine Schöpfung zeigt: wie es langsam wächst, schauen, hören, gehen lernt. Da wird etwas von deiner Kraft sichtbar. Wir freuen uns, daß es das Geschenk des kleinen Kindes immer wieder gibt. Mit der Taufe sagen wir: Alles ist Gnade, alles ist Geschenk, dieses Kind und unsere Freude. Als Jesus getauft wurde, da heißt es, ging der Himmel auf, und eine Stimme war zu hören: Dies ist mein lieber Sohn. Das wünschen wir bei der Taufe den Kindern: einen offenen Himmel und einen Gott, der sagt: Für diese Kinder bin ich da.

15

2. WORTGOTTESDIENST

Ich habe etwas sehr Kostbares zwischen meinen Fingern. Sie können es nicht erkennen? Ja, es ist ganz klein. Die Kinder können zu mir kommen, um es genauer sehen zu können...
Das ist ein Samenkorn, genauer: ein Samenkorn der Senfpflanze. Hier bei uns wächst daraus der Gelbsenf, er wird so groß (20 cm), in der Heimat Jesu gibt es eine Senfart, da wächst aus einem kleinen Korn ein großer Strauch.
Deshalb hat Jesus einmal gesagt:
Mit dem Himmelreich ist es wie mit einem Senfkorn. Es ist ein ganz kleines Samenkorn. Wenn es aber wächst, wird es zu einem Strauch — so groß, daß sogar die Vögel des Himmels darin ihre Nester bauen.
(Mt 13,31f.)

Habt Ihr gehört, wie groß der Senfstrauch wird?
So wie mit dem Senfkorn ist es mit allen Samenkörnern. Hier habe ich noch einen anderen Samen. Vielleicht weiß jemand von Euch, was daraus wachsen kann... So ein Apfelbaum wird so groß, daß Vögel darin ihre Nester bauen oder Kinder herumklettern können.
Ein großer Baum kann aus dem kleinen Kern wachsen.
Ähnlich ist es mit Kindern. Anfangs sind sie ganz klein, aber sie wachsen — erst so *(auf ein kleines Kind zeigen)*, dann so *(auf ein größeres)*, nachher sind sie so groß wie die Eltern.
Ich finde das ganz toll. Wir Menschen können keine Dinge machen, die anfangs ganz klein sind und die dann wachsen. Wenn wir ein kleines Spielzeugauto in die Erde stecken, können wir es lange mit Wasser oder Öl gießen: daraus wächst kein Auto, so groß, daß wir einsteigen und damit fahren könnten. Aber das kleine Senfkorn kann wachsen, ebenso dieser Apfelkern und wir Menschen.

(Wir wollen einmal überlegen, was ein Baum braucht, um zu wachsen, zu blühen und Früchte zu tragen...
Ihr habt gesagt: Ein Baum braucht Wasser. In manchen Gegenden gibt es ganz wenig oder kein Wasser, nur Sand... Solche Gegenden nennt man ...
Da gibt es viel Sonne und Erde, aber es ist so trocken, daß keine

Bäume wachsen oder leicht verdorren. Wenn aber irgendwo eine Wasserquelle ist...
In der Oase wachsen große Palmen und Obstbäume, fast das ganze Jahr über gibt es dort Früchte. Da haben sich die Menschen gedacht, so wird es bei Gott sein, im Paradies.

In der Bibel steht, wie ein gläubiger Mensch sich das vorgestellt hat:
Ein Bote Gottes kam und zeigte mir einen Strom: das Wasser des Lebens, glänzend und klar wie ein Kristall. Es geht vom Thron Gottes und seines Sohnes aus. Zu beiden Seiten des Flusses stehen Bäume des Lebens: sie tragen zwölfmal Früchte, jeden Monat einmal. Die Blätter des Baumes dienen zur Heilung der Völker.
(Off 22,1-2)
Das Wasser läßt die Bäume wachsen und Früchte tragen.
Mit dem Wasser der Taufe wünschen wir: Die Kinder sollen wachsen und gute Früchte tragen und andern Lebensfreude schenken.)

Liebe Eltern,
aus einem kleinen Anfang kann Großes wachsen – so soll es mit dem Glauben Ihrer Kinder sein. Der Glaube wird wie ein Samenkorn in ihr Herz gesenkt und kann keimen, wenn Sie Ihr Kind annehmen und lieben, wenn es Ihnen vertrauen kann und Geborgenheit erfährt. Der Glaube kann Wurzeln schlagen in den Herzen der Kinder, wenn Sie ihm von einem Vater erzählen, der uns allen das Leben geschenkt hat, der uns annimmt und liebt und dem wir vertrauen dürfen.
Und Sie erzählen ihm von Jesus, der auch einmal ein Kind war und der die Kinder gern hatte: So wächst der Glaube Ihrer Kinder – so wie die Samenkörner wachsen, wenn sie Nahrung erhalten. Wenn Ihr Kind einmal im Glauben erwachsen ist, können sogar andere Menschen in seinem Glauben Geborgenheit und Halt finden oder sie kommen und freuen sich an den Früchten solchen Glaubens, nämlich an seiner Hilfsbereitschaft und Liebe.
Sie, liebe Eltern, haben für jeden Täufling einen ausgewachsenen Korkbaum gestaltet, ein Bild für das Leben dieses Kindes. Und Sie haben Vögel des Himmels ausgeschnitten: sie sollen heute für die Gäste stehen, die gekommen sind, um den Täuflingen Gutes zu wünschen. Zunächst werden zwei aus jeder Familie ihren Wunsch laut sagen; wir alle bitten Gott, daß dieser Wunsch in Erfüllung

gehe. Danach können die Kinder die Vögel einsammeln und auf der Korkwand feststecken.

Fürbitten

Gott, diese Kinder stehen am Anfang ihres Lebens. Wir bitten dich:
— laß alles zur Entfaltung kommen, was in diesen Kindern steckt...
— schütze ihr Leben in allen Gefahren...
— hilf den/uns Eltern, die Kinder stets in Liebe anzunehmen...
— laß den Glauben an die Liebe in diesen Kindern wachsen...
— stärke die Kinder in Schwierigkeiten...
— laß sie viele gute Freunde und Freundinnen finden, die gern zu ihnen kommen...
— ...
Guter Gott, führe zur Vollendung, was du in diesen Kindern begonnen hast. So bitten wir durch Christus.

Lied: Kleines Senfkorn Hoffnung

(Liebe Eltern,
Sie haben sich viele Gedanken über das Wachstum Ihrer Kinder gemacht. Vieles steckt in einem Gedicht, daß Frau/Herr... nun vorlesen wird:
Ein kleiner Baum wächst nicht von allein
Ein kleiner Baum braucht einen Pfahl, damit er Halt findet und nicht abgebrochen wird. Daher wünschen wir dem kleinen Baum einen Menschen, an dem er sich anlehnen kann.
Ein kleiner Baum hat Wurzeln, die fest im Erdreich verankert sind. Er braucht Wasser und Nährstoffe aus der Erde und Luft. Daher wünschen wir dem kleinen Baum alles, was er zum Leben braucht, und eine saubere Luft, damit er recht gut gedeihen kann.
Der kleine Baum braucht Zeit zum Wachsen; erst nach vielen Jahren trägt er Früchte. Er möge Geduld beim Wachsen haben und jeden Augenblick genießen. Daher wünschen wir dem kleinen Baum ein ausgeglichenes Selbst und geduldige Eltern.
Ein kleiner Baum will sich immer stärker selbst entfalten. Daher wünschen wir dem kleinen Baum, daß die Eltern ihn loslassen, wenn die Zeit gekommen ist.)
(M. Schumacher)

3. FEIER DES SAKRAMENTS

Siehe: Die Feier der Kindertaufe

Ein frei formuliertes Taufbekenntnis

Widersagt Ihr dem Bösen in all seinen Gründen:
Gier, Herrschsucht und Mißtrauen?
– Wir widersagen.
Widersagt Ihr dem Bösen und all seinen Mitteln:
Lüge, Verstellung und Mißbrauch der Macht?
– Wir widersagen.
Widersagt Ihr dem Bösen und all seinen Folgen:
Geiz und Haß, Krieg und Ungerechtigkeit?
– Wir widersagen.
Nun frage ich nach unserem christlichen Glauben:
Glaubt Ihr an Gott, den Ursprung allen Lebens,
der wie ein guter Vater alle seine Geschöpfe liebt?
– Wir glauben.
Glaubt Ihr Jesus Christus, der unser Leben teilte und uns zu einem
Leben in Freiheit und Liebe ermutigte?
– Wir glauben.
Glaubt Ihr an den Heiligen Geist,
in dem neues Leben immer wieder gelingt und beginnt?
– Wir glauben.

Apostolisches Glaubensbekenntnis

4. ABSCHLIESSENDE RITEN

Siehe: Die Feier der Kindertaufe

Schlußgebet

Herr, laß uns leben wie ein Baum. Gib uns Wurzeln, die tief hinabreichen in den Glauben der Eltern. Gib uns Geduld, aus vielen Ringen einen kräftigen Stamm zu formen, der allen Stürmen standhält.
Gib uns die Freiheit und den Raum, unsere Äste weit zu entfalten,

damit auch andere Schutz finden unter unserm Dach. Herr, hilf uns zu leben wie ein Baum – und unablässig dein Lob singen.

VARIATIONSMÖGLICHKEITEN

Andere Predigt

Liebe Eltern,
auch das Leben Ihrer Kinder hat ganz klein angefangen. Wie die Samenkörner Sonne, Luft, Erde und Wasser zum Wachsen brauchen, so brauchen Ihre Kinder Essen und Trinken, Kleidung und Wohnung, vor allem aber brauchen sie die Wärme der Liebe und Geborgenheit.
Übrigens: Aus dem Senfkorn wächst ein Senfstrauch, aus dem Apfelkern ein Apfelbaum; anderes kann nicht daraus wachsen. Nehmen Sie Ihr Kind so, wie es ist und entfalten Sie das, was in ihm angelegt ist.
Was für den Baum und das ganze Leben der Kinder gilt, gilt auch für ihren Glauben. Der Glaube wird wie ein Samenkorn in das Herz der Kinder gesenkt. Er kann keimen, wenn Sie Ihr Kind annehmen und lieben, wenn es Ihnen vertrauen kann und Geborgenheit erfährt. Der Glaube kann Wurzeln schlagen, wenn Sie ihm von einem Vater erzählen, der uns allen das Leben geschenkt hat, der uns liebt. Erzählen Sie ihm von Jesus, der auch einmal ein Kind war, und der die Kinder gern hatte: so wächst der Glaube Ihrer Kinder! So erhält er Nahrung. Wenn Ihr Kind ein erwachsener Christ geworden ist, können sogar andere Menschen in seinem Glauben Geborgenheit und Halt finden oder sie kommen und freuen sich an den Früchten solchen Glaubens, nämlich an seiner Hilfsbereitschaft und Liebe.

Andere Predigt

Es ist nur ein kleiner Anfang.
Es ist nur ein kleiner Anfang, wenn Samen- und Eizelle sich unsichtbar für unsere Augen verbinden.
Es ist nur ein kleiner Anfang, wenn ein neuer Mensch geboren wird.
Und auch was wir jetzt in der Taufe tun, ist nur ein kleiner Anfang.

Aber: Im Anfang kann so viel stecken!
Im Samenkorn steckt der Plan für den ganzen Baum,
in einem Genom der Plan für alle wichtigen Merkmale des Menschen:
Im Anfang ist das Ganze verborgen, das sich entfalten soll.
So ist auch in der Taufe dieser Kinder zeichenhaft angelegt, was aus ihnen werden soll.
Was aus ihnen werden soll? Nun, im Zeichen des Wasser ist verborgen angelegt, daß die Kinder leben sollen, ein reiches, erfülltes Leben,
durch das Zeichen des Lichtes der Oster- und Taufkerzen soll angedeutet werden, daß ihr Leben etwas ausstrahlen soll, Freude ausstrahlen, Liebe und Hoffnung.
In den Worten des Taufbekenntnisses ist zusammengefaßt, daß diese Kinder Widerstandskämpfer werden sollen: Widerstand leisten, widerstehen, widersprechen, widersagen allem, was unmenschlich, ungerecht und böse ist. Dann bekennen wir uns im Glauben zu einem Gott, der unser Leben trägt, der uns Hoffnung schenkt, auch über Enttäuschungen, Leid und Tod hinaus.
Das alles muß sich gewiß noch entfalten, konkret werden im Leben, im persönlichen Leben dieser Kinder und Eltern. Aber das soll von Anfang an im Leben dieser Kinder stecken.
Es ist nur ein kleiner Anfang, was heute geschieht.
Aber im kleinsten Anfang steckt viel.
Und wir dürfen glauben: Gott schenkt jeden guten neuen Anfang: Er schenkte den neuen Lebensanfang dieser Kinder und er schenkt alle neuen Anfänge: Wir dürfen immer wieder neu beginnen und wir können einander immer wieder neuen Anfänge zugestehen.
Und wenn wir einmal am Ende sind, fängt Gott – unvorstellbar – ganz neu mit uns an.
Es ist nur ein A n f a n g . Aber der Anfang ist wichtig.
Es ist nur e i n Anfang. Es soll noch viele Anfänge geben, – ein Ende soll es nie geben. Amen.

2 Einen Baum pflanzen als Symbol der Hoffnung

Vorbemerkungen und Vorbereitungen

Für jedes Kind wird ein Apfelbaum mit Wurzelballen (im Container) mitgebracht; dieser wird nach dem Gottesdienst eingepflanzt; die Wünsche/Fürbitten für die Kinder werden auf kleine rote Papieräpfel aufgeschrieben und an den Baum gehängt. Diese Wünsche können später in ein Taufalbum, Fotoalbum oder auf ein Plakat mit einem aufgemalten Baum geklebt werden. Man kann auch kleine Bäume für das Zimmer nehmen.

Texte zur Auswahl

Gefährten oder Tod
Ein Weiser ging einmal über Land und sah einen Mann, der einen Johannisbrotbaum pflanzte. Er blieb stehen, sah ihm zu und fragte: „Wann wird das Bäumchen wohl Früchte tragen?" Der Mann erwiderte: „In siebzig Jahren." Da sprach der Weise: „Du Tor! Denkst du, in siebzig Jahren noch zu leben und die Früchte deiner Arbeit zu genießen? Pflanze lieber einen Baum, der früher Früchte trägt, daß du dich ihrer in deinem Leben erfreust." Der Mann aber hatte sein Werk vollendet, sah freudig darauf und antwortete: „Meister, als ich zur Welt kam, da fand ich Johannisbrotbäume und aß von ihnen, ohne daß ich sie selbst gepflanzt hatte, denn das hatten meine Väter getan. Habe ich genossen, wo ich nicht gearbeitet habe, so will ich nun einen Baum pflanzen für meine Kinder oder Enkel, daß sie davon genießen. Wir Menschen können nur bestehen, wenn einer dem andern die Hand reicht (und wenn wir die Augen nicht auf unsere Gegenwart, sondern auf die Zukunft der Kinder richten): Gefährten oder Tod!"
(nach E. Schubert-Christaller)

Liedtext von R. Mey:
1. Ich weiß gar nicht, wie ich beginnen soll,
so viele Gedanken, und mein Herz ist übervoll,
so viele Gefühle drängen sich zur selben Zeit:
Freude und Demut und Dankbarkeit.
Im Arm der Mutter, die dich schweigend hält,
blinzelst du vorsichtig ins Licht der Welt,
in deinen ersten Morgen, und ich denk:
Dies ist mein Kind, welch ein Geschenk!

Wenn alle Hoffnungen verdorr'n,
mit dir beginn ich ganz von vorn,
und Unerreichbares erreichen, ja, ich kann's!
Du bist das Apfelbäumchen, das ich pflanz!

2. Sieh dich um, nun bist du ein Teil der Welt,
die sich selbst immerfort in Frage stellt,
wo Menschen ihren Lebensraum zerstör'n,
beharrlich jede Warnung überhör'n.
Ein Ort der Widersprüche, arm und reich,
voll bittrer Not und Überfluß zugleich,
ein Ort der Kriege, ein Ort voller Leid,
wo Menschen nichts mehr fehlt als Menschlichkeit.

3. Du bist ein Licht in ungewisser Zeit,
ein Ausweg aus der Ausweglosigkeit,
wie ein Signal, den Weg weiterzugeh'n,
Herausforderung weiter zu besteh'n.
Wo vieles voller Zweifel, manches zum Verzweifeln ist,
da macht ein Kind, daß du alle Zweifel vergißt.
Es sind in einer Welt, die ziel- und ratlos treibt,
die Kinder doch die einz'ge Hoffnung, die uns bleibt.

Jedes Kind bringt die Botschaft,
daß Gott die Lust am Menschen noch nicht verloren hat.
(Tagore)

Ben Chorin schreibt nach den Schrecken von Krieg und Holocaust:
Freunde, daß der Mandelzweig — wieder blüht und treibt,

ist das nicht ein Fingerzeig, – daß die Liebe bleibt?
Tausende zerstampft der Krieg, – eine Welt vergeht.
Doch des Lebens Blütenzweig – leicht im Winde weht.

In jedem Kind träumt Gott den Traum der Liebe,
in jedem Kind wacht ein Stück Himmel auf.
In jedem Kind blüht Hoffnung, wächst die Zukunft,
in jedem Kind wird unsere Erde neu.

(Quelle unbekannt)

Lesung aus dem Buch Hiob
Für den Baum besteht noch Hoffnung;
er treibt empor, auch wenn er abgehauen,
sein Schößling bleibt nicht aus.
Wenn seine Wurzel in der Erde altert
und selbst sein Stamm im Boden stirbt,
schon vom Geruch des Wassers wird er wieder sprießen
und treibt Gezweig dem Setzling gleich.

(Hiob 14,7–9)

Lieder zur Auswahl

Zum Thema paßt das Lied von Reinhard Mey, Mein Apfelbäumchen, das jemand zur Gitarre singt oder vom Tonband abspielt. Andere Lieder: Alle Knospen springen auf / Kleines Senfkorn Hoffnung / Menschenkinder auf dieser Erde / Die Erde ist schön / Wei-
zenkörner, Trauben / Wer leben will wie Gott / Das Weizenkorn
muß sterben

ZUR TAUFFEIER

1. EINGANGSRITEN

Lied: Kleines Senfkorn Hoffnung

Begrüßung

Vorstellung der Tauffamilien und Paten

Bezeichnung mit dem Kreuz

Gebet

Gott, immer wieder schenkst du einen neuen Tag, immer wieder schaffst du neues Leben. Wir bitten dich: stärke unsere Hoffnung auf die Zukunft, die du uns und unsern Lieben schenken willst. So bitten wir durch Christus.

2. WORTGOTTESDIENST

Jemand liest den Text vor: Gefährten oder Tod

Liebe Eltern, liebe Großeltern, Paten und alle Freunde der Tauffamilien.
Vor einiger Zeit las ich in einem Bericht aus einem Hungergebiet in Afrika, die Menschen dort hätten bereits das Saatgut für die nächste Regenzeit verzehrt. Wir alle wissen, was das bedeutet: Diese Menschen haben die Zukunft aufgegeben, um nur noch ein paar Tage oder Wochen überleben zu können. Getreidekörner säen wird nur der, der hofft, daß die Körner zwar zunächst verloren sind und sterben, später aber reichere Frucht tragen. Säen ist ein Tun der Hoffnung. So verstehe ich auch Jesu Wort im Johannesevangelium.

Aus dem Evangelium nach Johannes
Jesus sagte seinen Jüngern: Wenn ein Weizenkorn nicht in die Erde fällt und stirbt, bleibt es allein. Wenn es aber stirbt, trägt es reiche Frucht.
(Joh 12,24)

Wer sät, kann meist hoffen, selbst in einigen Monaten ernten und davon leben zu können; wenn jemand einen Baum pflanzt, reicht der Blick weiter: Vielleicht hofft er, selbst in einigen Jahren die Früchte genießen zu können, vielleicht aber glaubt er: Das Leben geht für andere Menschen, für die Kinder weiter — und für sie wollen wir heute schon sorgen. So ist es im Text gemeint, den Sie eingangs hörten: Gefährten oder Tod.

Ähnlich wird von Martin Luther erzählt, er sei einmal gefragt worden, was er tun würde, wenn er heute wüßte, daß er morgen sterben müßte. Er soll geantwortet haben: Dann würde ich heute noch ein Apfelbäumchen pflanzen.
Ein noch größerer Ausdruck der Hoffnung ist es in meinen Augen, wenn Menschen Kindern das Leben schenken. Das ist ein Zeichen dafür, daß sie die Zukunft noch nicht aufgegeben haben. So singt es Reinhard Mey im Lied „Mein Apfelbäumchen", das er zur Geburt seines ersten Kindes geschaffen hat.

Lied: Mein Apfelbäumchen

Liebe Eltern,
Sie wissen um die vielfältigen Bedrohungen unserer Zukunft: die Umweltzerstörung, das Ozonloch, das Waldsterben, drohende Atomkatastrophen: Wie wird diese Erde in vierzig, fünfzig Jahren einmal aussehen? Was erwartet die Kinder, die heute getauft werden? Wir wissen es nicht. Aber Sie, die Eltern, haben die Zukunft noch nicht aufgegeben. Und Sie werden sich gewiß für eine menschenwürdige Zukunft Ihrer Kinder einsetzen. Nachher beim Taufbekenntnis versprechen wir alle, dem zu widersagen und zu widerstehen, was das Leben der Menschen bedroht und schwermacht. Durch Ihr Tun ermutigen Sie uns, für eine menschenfreundliche Zukunft zu kämpfen, damit das Leben für diese Kinder ein Geschenk ist. Wie hoffnungslos wäre es, wenn alle nachdenklichen Menschen meinten: Es hat alles keinen Zweck mehr. Dann sähe es wirklich dunkel für die Zukunft aus! Sie haben die Zukunft nicht aufgegeben. Ich möchte Sie darin bestärken mit einem Gedanken des indischen Dichters Tagore: Jedes Kind bringt die Botschaft, daß Gott die Lust am Menschen noch nicht verloren hat. Durch die Taufe werden die Kinder aufgenommen in eine Gemeinschaft, die an Gottes Liebe glaubt, die sich gegenseitig in der Hoffnung bestärkt und als oberstes Gebot die Liebe hat.
Weil wir aber auch um unsere Schwäche wissen, wollen wir Gott nun bitten, daß er die Zukunft dieser Kinder segne und daß er uns

die Kraft gebe, alles uns Mögliche heute zu tun, damit auch morgen und übermorgen und in vielen Jahren Kinder fröhlich leben können.

Ihr Wünsche und Bitten für die Kinder haben Sie auf Früchte aufgeschrieben, die wir nun an die Bäume hängen. Nachher pflanzen Sie die Bäume im Garten als Zeichen der Zukunft, die Sie Ihren Kindern schenken möchten; die Früchte können Sie ins Taufbuch einkleben. – Jede Familie wird zwei Bitten laut vortragen.

Fürbitten

Gott, du willst das Leben der Menschen. Wir bitten dich:
– segne die Zukunft von NN, NN, NN...
– öffne unsere Augen für die wunderbaren Werke deiner Schöpfung...
– bewahre die Schöpfung vor der Zerstörung durch Menschen...
– gib daß wir/die Eltern nie die Hoffnung aufgeben für die Zukunft unserer/ihrer Kinder...
– stärke das Verantwortungsbewußtsein derer, die heute die Weichen für die Zukunft stellen...
– wecke unser Verantwortungsbewußtsein für die Kinder in den Armutsländern der Erde...
Ja, Vater, höre unsere Bitten durch Christus, unsern Herrn.

Anstelle der Fürbitten kann auch der folgende Text vorgetragen werden; evtl. werden jeweils passende Gegenstände dabei auf ein Plakat mit einem Baum geklebt.

Ein kleiner Baum wächst nicht von allein:
ein großer Baum bildet Früchte und Samen –
und im Samen gibt der große Baum sein Leben weiter.
Anfangs gibt der große Baum dem kleinen Baum Schutz.
Wir wünschen dem kleinen Baum einen großen Baum,
der ihn schützt und an dem er sich anlehnen kann.

Ein kleiner Baum hat Wurzeln, die fest im Erdreich verankert sind.
Dort hat er Halt, dort findet er Nährstoffe,
die er mit Wasser und Luft aufnimmt.

Wir wünschen dem kleinen Baum eine saubere Umwelt,
damit er recht gut gedeihen kann.

Der kleine Baum braucht Zeit zum Wachsen, viele Jahre.
Ohne Geduld wird es kein starker Baum.
Wir brauchen alle Geduld miteinander.
Das Leben ist viel zu wichtig,
um ungeduldig zu sein.
Wir wünschen diesem Baum ein ausgeglichenes Selbst.

Wenn ein Baum wächst, braucht er nach und nach mehr Platz,
braucht er Freiraum. Er kann sich nicht entfalten,
wenn er immer nur im Schatten der großen Bäume ist.
Wir wünschen dem kleinen Baum, daß die großen Bäume ihm Raum
geben und Freiheit schenken.

Ein kleiner Baum wird auch einmal groß.
Vielleicht möchte er gerne selber einen kleinen Baum pflanzen.
Wir wünschen dem Baum, daß er Früchte trägt und Leben schenkt
ja daß er einem kleinen Baum so viel Liebe geben kann,
wie er sie einst bekam – und noch mehr.
(M. Schumacher)

3. FEIER DES SAKRAMENTS

Siehe: Die Feier der Kindertaufe

4. ABSCHLIESSENDE RITEN

Siehe: Die Feier der Kindertaufe

3 Der Baum in den Jahreszeiten

Vorbemerkungen und Vorbereitungen

In dieser Feier ist der Baum in den Jahreszeiten Symbol für das Leben des Menschen und auch der Täuflinge.

Auf einer Stellwand sind 4 Bilder, die denselben Baum in den Jahreszeiten zeigen, außerdem wird ein 5. Bild mit einem Christbaum bereitgelegt; auf einer weiteren Stellwand ist für jedes Taufkind ein Plakat mit den groben Umrissen eines Baumes; die Eltern bringen aus Papier gelbe Blüten, grüne Blätter und rote Früchte mit Wünschen für die Kinder mit.

Texte zur Auswahl

siehe die beiden vorhergehenden Tauffeiern, außerdem:

Ich lebe mein Leben in wachsenden Ringen,
die sich über die Dinge ziehn.
Ich werde den letzten vielleicht nicht vollbringen,
aber versuchen will ich ihn.
(R. M. Rilke)

Mein Herz ist ein Baum — beladen mit Früchten,
die ich pflücke, um sie zu verschenken.
(K. Gibran)

Lieder zur Auswahl

Alle Knospen / Kleines Senfkorn Hoffnung / Menschenkinder auf dieser Erde / Die Erde ist schön

1. EINGANGSRITEN

Lied

Begrüßung

Liebe Eltern und Großeltern, liebe Kinder, liebe Gäste,
die Eltern der Taufkinder hatten die Idee, den Baum als Symbol
dieser Tauffeier zu wählen, und zwar den Baum in den Jahrszeiten.
Dieser Baum kann Bild des menschlichen Lebens sein und uns die
Augen für seine Entwicklung öffen.

Die Theologin Dorothee Sölle schreibt:
Vom Baum lernen – der jeden Tag neu
sommers und winters – nichts erklärt
niemanden überzeugt – nichts herstellt.
Einmal werden die Bäume Lehrer sein.

Vorstellung der Tauffamilien und Paten

Kreuzzeichen auf die Stirn der Täuflinge

Gebet

Herr, laß diese Kinder und uns alle leben wie ein Baum. Gib uns
Wurzeln, die tief hinabreichen in den Glauben der Vorfahren. Gib
uns Geduld, aus vielen Ringen einen kräftigen Stamm zu formen,
der allen Stürmen standhält. Gib uns die Freiheit und den Raum,
unsere Äste weit zu entfalten, damit auch andere Schutz finden
unter unserm Dach. Herr, hilf uns zu leben wie ein Baum – und
unablässig dein Lob singen.
(vgl. Brawek/Bucher, Mein Freund, der Baum)

2. WORTGOTTESDIENST

Einführendes Gespräch mit Kindern

(Kinder kommen nach vorne)
Schaut Euch diese vier Bilder an ... (es ist derselbe Baum, trotzdem sieht er ganz anders aus...)

(Zum 1. Bild) Im Frühjahr sind die Bäume besonders schön...
Aber die Blüten bleiben nur kurze Zeit, dann...
Aus manchen Blüten entwickelt sich etwas...
Andere fallen ab, das ist auch gut so, denn wenn aus allen Blüten dicke Äpfel würden...
(Zu den Erwachsenen)
So ist das auch mit Ihren Träumen für Ihr Kind und mit unsern eigenen Lebensplänen: Nicht alle können Wirklichkeit werden, das könnten wir nicht ertragen. Wir wollen uns freuen, wenn einige sich entwickeln, und denen nicht nachtrauern, die nichts geworden sind. Außerdem: Es gibt ja immer wieder neue Blüten, neue Hoffnungen!

Auf dem zweiten Bild sehen wir...
Weiß jemand, wozu Blätter gut sind? (Man kann Tee daraus aufgießen. Sie verbessern die Luft. Sie nehmen die Sonnenstrahlen auf, damit die Früchte wachsen.)
Lange Monate sieht man unter den vielen Blättern nichts.
(Zu den Erwachsenen)
Die Blätter am Baum werden oft unterschätzt. Wir sollten junge Menschen nicht unterschätzen, auch wenn sie Zeit brauchen, viele Jahre brauchen, bis sie sich entwickeln; Kinder und Jugendliche darf man nicht überfordern. Wer grüne Pflaumen pflückt, ist selbst schuld, daß sie sauer sind. Geduld ist wichtig. Das zeigt uns auch eine Geschichte von Jesus:

Aus dem Lukasevangelium

Ein Mann hatte einen Feigenbaum in seinen Weinberg gepflanzt. Er suchte Früchte an ihm, fand aber keine. Da sprach er zu seinem Gärtner: Schon drei Jahre suche ich Früchte an diesem Feigenbaum und finde keine. Hau ihn um! Wozu saugt er den Boden aus? Der Gärtner aber antwortete: Herr, laß ihn noch ein Jahr stehen. Ich will rings um ihn aufgraben und Dünger streuen. Vielleicht wird er dann Früchte bringen.

(Lk 13,6–9)

Bei diesem Baum *(3. Bild)* hat sich die Geduld gelohnt...
Der Baum kann die Früchte nicht für immer festhalten...
Viele Menschen können sich daran freuen. Ein Dichter hat einmal gesagt: Mein Herz ist Baum, beladen mit den Früchten; die ich pflücke, um sie zu verschenken.

(Zu den Erwachsenen)
Was mit den guten Früchten der Menschen gemeint ist, hat der Apostel Paulus einmal geschrieben:
Früchte aus dem Geist Jesu sind: Liebe, Freude, Friede, Geduld, Milde, Güte, Treue, Gewaltlosigkeit, Verzicht.

(Gal 5,22 f)

Dieses Bild *(4)* sieht ein wenig traurig aus...
Vielleicht ist der Baum gestorben, vielleicht aber auch nicht; das können wir im Frühjahr sehen...
Es gibt sogar Bäume, die bleiben das ganze Jahr über grün... Einen grünen Baum holen wir uns im Dezember ins Haus und schmücken ihn...
Einen Tannenbaum wollen wir über das Bild vom kahlen Baum hängen. Er erinnert uns...
Zu Weihnachten wird aus einem Baum an der Krippe ein Christbaum. Durch die Taufe sollen aus den Kindern Christkinder, Christenmenschen werden.

Eure Eltern haben für jedes Kind einen Baum aufgemalt und Blüten, Blätter und Früchte vorbereitet. Darauf stehen Wünsche für die Taufkinder. Einige Wünsche werden die Paten als Fürbitten vorlesen, dann schmücken die Familien damit ihren Baum.

Fürbitten

Guter Gott, schenke ... eine glückliche Kindheit...
Guter Gott, laß uns dankbar sein für die Freude, die die Kinder uns schenken...
Guter Gott, gib uns Geduld mit den Kindern...
Guter Gott, so wie die Bäume und ihre Früchte verschieden sind, so sind Fähigkeiten und Leistungen der Kinder verschieden. Hilf uns, die Kinder so anzunehmen, wie sie sind...
Guter Gott, tröste uns, wenn wir einmal enttäuscht sind, weil die Kinder anders sind, als wir wollen...

3. FEIER DES SAKRAMENTS

Siehe: Die Feier der Kindertaufe

4. ABSCHLIESSENDE RITEN

Siehe: Die Feier der Kindertaufe

Schlußgebet

Gott, du hast uns gepflanzt als Bäume,
die Frucht tragen sollen,
immer
das ganze Jahr
in jedem Augenblick.
Du hast uns als Christ-Bäume gepflanzt
und nicht als Bäume, die bloß Blätter tragen,
Blätter mit frommen Sprüchen,
von denen keiner satt wird.
Gott, du hast uns in fruchtbares Erdreich gepflanzt.
Wir bitten dich:
Gib uns den Geist Jesu,
daß wir wirklich Christbäume werden,
die Gaben spenden

immer dann, wenn einer Hunger hat
und auf uns zukommt.
Gott, mach deine Kirche zum Baum des Lebens,
in dessen Schatten die Menschen sich wohl fühlen,
in dessen Zweigen sie alle miteinander
ihr Nest bauen wie die Vögel des Himmels.
Gott, laß uns nicht stehen als Baum,
der nichts hergibt,
laß deine Kirche nicht stehen als unfruchtbaren Baum!
Gott versuch es doch noch einmal mit uns!
Gott, wir haben gehört,
du seist ein gnädiger Gott,
ein Gott, der uns Menschen Zeit läßt;
wir haben gehört,
du seist ein Gott, der Geduld hat,
der warten kann,
ob der Baum unseres Lebens,
der Baum der Kirche
doch noch Frucht ansetzt.
Gott, hab noch etwas Geduld! Amen.
(W. Willms)

Schlußlied

Zweiter Teil
Ein Licht kam in die Welt

1 Ein Licht kam in die Welt

Vorbemerkungen und Vorbereitungen

Ein zentrales Symbol bei der Taufe ist die Taufkerze, die an der Osterkerze angezündet wird: Sie ist ein Zeichen dafür, daß die Täuflinge angesteckt werden vom Geist und der Liebe Jesu.

In dieser Tauffeier werden die Kerzen der Täuflinge gestaltet. Die Tauffamilien haben (an einem Abend mit den Paten) einfache weiße Altarkerzen mit dünnem farbigen Wachs verziert. (Verzierwachs gibt es in Bastelgeschäften.) Auf den Kerzen stehen der Name des Täuflings, darüber bzw. darunter sein Geburts- und Taufdatum. Außerdem haben die Familien für Eltern, Paten und Geschwister aus farbigem Wachs Symbole ausgeschnitten; damit wird die Taufkerze während der Feier geschmückt. – Alle größeren Kinder sollten ihre Taufkerze mitbringen. Für die, die keine Taufkerze mitgebracht haben, werden kleine Kerzen bereitgehalten.

In der Kirche brennen keine Kerzen; die (brennende) Osterkerze steht in der Sakristei bereit, der Osterleuchter ist an einem zentralen Platz; einige Dochte und für alle Kinder Teelichter (auf einem Karton in Sternform oder auf einem umgedrehten Bierdeckel o. ä.) – die Aktion mit den Teelichtern kann auch wegfallen; das elektrische Licht brennt.

Das Gespräch mit Kinder geht davon aus, daß es in der Kirche relativ dunkel ist, wenn das elektrische Licht gelöscht wird. Anderenfalls muß die alternative Einleitung genommen werden.

Lieder zur Auswahl

Uns ist ein Licht aufgegangen / Morgenstern der finstern Nacht / Du bist das Licht der Welt / Einer hat uns angesteckt / Kleines Senfkorn Hoffnung, 2. Str.: Kleiner Funke Hoffnung / Taizé-Halleluja / Komm Schöpfer Geist / Lobet den Herren / im Advent auch: Wir sagen euch an / O komm, o komm Emmanuel, 2. Str.: O komm, du wahres Licht / Tragt in die Welt

ZUR TAUFFEIER

1. EINGANGSRITEN

Lied: Morgenstern der dunklen Nacht *oder* Lobet den Herren

Begrüßung

Vorstellung der Tauffamilien und Paten

Gebet

Gott, im Dunkel sind wir unsicher oder wir haben sogar Angst. Wir bitten dich: Schenk uns in dunklen Stunden unseres Lebens ein Licht der Hoffnung durch Christus.

2. WORTGOTTESDIENST

(Kinder nach vorne bitten; das elektrische Licht wird gelöscht)

Gespräch

Wenn wir das Licht löschen...
Wenn es dunkel ist...
Vielleicht seid ihr schon einmal nachts wach geworden und es war dunkel. Wie habt ihr euch gefühlt?

Alternative Einleitung

Stellt euch vor: Es ist Winter, draußen ist es schon dunkel. Ihr sitzt beim Abendessen, plötzlich geht das Licht aus. Es ist stockdunkel. Eure Mutter hat den Täufling auf dem Schoß, der fängt gleich an zu schreien. Auch die anderen Häuser sind dunkel. Deshalb sagt die Mutter zu Euch: Geh doch mal in den Keller, um die Camping-lampe zu holen, du weißt ja ungefähr, wo sie steht. – Wie würdet Ihr Euch da fühlen?
Da fällt Euch ein: Auf Eurem Zimmer habt Ihr noch die kleine

Osterkerze. Ihr steht auf, stoßt Euch am Tisch, ein Glas fällt um, Ihr tastet Euch zur Tür, dann zu Eurem Zimmer, schließlich findet Ihr die Kerze. Vorsichtig geht es zurück, Eure Mutter hat ein Streichholz, erst zischt das Streichholz, dann brennt die Kerze. Wahrscheinlich geht es Euch da schon besser...
Wenn es dunkel ist und dann eine Kerze aufleuchtet, das ist wunderbar.

Nun gibt es noch andere Dunkelheiten. Wenn z.B. jemand ganz allein ist, ist es für ihn dunkel. Wenn dann Besuch kommt, ist das wie ein Licht. Ihr kennt vielleicht andere Beispiele...
Wenn irgendwo Streit oder Krieg ist...
Wenn jemand traurig ist...
Eine solch dunkle Zeit war vor ungefähr 2000 Jahren. Viele Menschen hatten Hunger. Da wurde zu Weihnachten ein Kind geboren.

In der Bibel steht:
Das wahre Licht kam in die Welt.
Es erleuchtet jeden Menschen.
Er kam in seine eigene Welt,
aber viele Menschen nahmen ihn nicht auf.
Alle aber, die ihn aufnahmen,
wurden Kinder Gottes.
(Joh 1,9.11 f)

Ein großes Kind oder ein Erwachsener kommt mit der brennenden Osterkerze und stellt sie auf den Leuchter; an der Osterkerze wird ein Docht angezündet, damit werden alle Kerzen in der Kirche angezündet.

Dazu Lied: Du bist das Licht der Welt

Fortsetzung des Gesprächs

Da kam ein großes Licht. Wie heißt diese Kerze?
(Was bedeuten die Verzierungen?)
So kam Jesus in die dunkle Welt. Da freuten sich manche Menschen. Sie ließen sich von Jesu Liebe anstecken wie vom Licht der

Kerze. Auch Ihr sollt ein Licht bekommen, das Licht der Osterkerze empfangen und das Licht auf die Altarstufe stellen.
(Austeilen der Teelichter, anzünden durch Mütter, die Teelichter werden auf die Altarstufe gestellt, die Kinder gehen zu den Eltern.)

Lied: Einer hat uns angesteckt.

Predigt

Liebe Eltern, liebe Paten, Großeltern und Gäste,
vor einigen Jahren ist in einer englischen Großstadt in einer Winternacht der Strom ausgefallen. Das bedeutete den Ausfall des Fernsehens, der meisten Radios, vieler Heizungen und Kühlschränke, vor allem aber: Es gab kein Licht in den Häusern und keine Straßenbeleuchtung. In dieser Nacht hat es eine Rekordzahl von Diebstählen und Überfällen gegeben; manche Verbrecher haben einfach die Schaufenster mit Steinen eingeschlagen und sie ausgeraubt, weil keine Warnanlage funktionierte, und sie im Dunkel unerkannt verschwinden konnten. Wo draußen Schreie oder Schüsse zu hören waren, haben sich Leute vor Angst in ihren Wohnungen regelrecht verbarrikadiert. Solche Erfahrungen sind wohl der Grund, weshalb in früheren Zeiten das Dunkel zum Symbol für Unrecht, Gewalt, Angst und Tod wurde. Begriffe wie „finstere Machenschaften" oder „dunkle Gestalten" hängen damit zusammen. Der Dichter Bert Brecht schreibt in einem Gedicht aus dem 2. Weltkrieg: *Wir leben in finsteren Zeiten.* Dabei dachte er nicht an die Verdunklungen wegen nächtlicher Fliegerangriffe, nein, er meint die Verfolgung der Juden, die Lügenpropaganda, Unmenschlichkeit und Ungerechtigkeit. Aber nicht nur damals waren die Zeiten finster: Zur Zeit Jesu war es in Israel nicht anders. Das Land war von den Römern besetzt, das Volk wurde unterdrückt und durch Steuern in bittere Not getrieben. In unserer Zeit denke ich etwa an Bosnien oder Zaire und an so viele Diktaturen und Armutsländer, ich denke an das Dunkel der Folter und des Hungers.
Zudem gibt es das Dunkel im persönlichen Leben: Einsamkeit und Enttäuschungen, Arbeitslosigkeit, Drogenabhängigkeit, eine unheilbare Krankheit oder Verzweiflung.

Wie schön ist in all diesen Dunkelheiten ein Hoffnungsschimmer! Schon im wörtlichen Sinn kann eine Kerze eine ganze Kirche erleuchten. In Kriegsländern kann ein Waffenstillstand neue Hoffnung wecken, für einen einsamen Menschen kann ein Brief oder ein Besuch wie ein Licht an einem dunklen Tag sein. Für uns Christen ist Jesus von Nazareth ein Licht, eine Hoffnung. Denn er war ein Mensch, der andern die Angst nahm und Hoffnung schenkte, er stillte den Hunger der Armen und heilte die Kranken. Deshalb sagt Johannes im Evangelium: Mit Jesus kam ein Licht in die Welt, das in der Finsternis leuchtete. Aber es soll nicht bei diesem e i n e n Licht bleiben. Jeder gute Mensch kann wie ein Licht für andere sein, wie ein Leuchtturm, der Hoffnung gibt. Wir alle können uns anstecken lassen vom Geiste Jesu, vom Geist der Liebe – so wie eine Kerze an einer andern. Deshalb werden Ihre Kinder heute getauft und zum Zeichen dafür wird ihre Taufkerze an der Osterkerze angesteckt. Die Kinder sollen von Jesu Liebe angesteckt werden. Er soll die Finsternis aus ihrem Leben vertreiben und ihnen die Angst nehmen. Dann wird es im Leben dieser Kinder hell, und sie können selbst nach Jesu Vorbild anderen Menschen Hoffnung schenken und Freude ausstrahlen.

Ich glaube: So wie Jesus schon bei seiner Geburt Licht ausstrahlte, einfach dadurch, daß er da war, so ist das mit jedem Kind von Geburt an. Kinder sind ein Licht der Hoffnung, ein Zeichen der Hoffnung etwa, daß die Eltern die Zukunft nicht aufgeben. Und so wie eine Kerze andere anstecken kann, so kann das Lächeln eines Kindes anstecken und uns Erwachsene zurücklächeln lassen. Heute wollen wir uns anstecken lassen – von Jesu Licht und von der Freude der Kinder. Sie, die Eltern, Paten und Verwandten wollen das Licht Ihrer Kinder hüten, damit es nicht in den Stürmen dieses Lebens ausgeblasen oder notfalls neu angesteckt wird, damit es hell wird, wo diese Kinder leben.

Für die Taufkinder haben die Eltern und Paten eine besondere Kerze vorbereitet. *(Erläutern, was schon auf der Kerze steht.)*
Diese Kerzen sollen noch schöner verziert werden. Eltern und Paten haben kleine Zeichen aus farbigem Wachs ausgeschnitten. Sie und die Geschwister drücken sie mit einem guten Wunsch für die Kinder auf die Taufkerze.

(Beispiele für Symbole und Wünsche)
rotes Herz: Wir wünschen Dir viele Menschen, die Dich lieben...
grünes Blatt: Wir wünschen Dir Hoffnung auch in Schwierigkeiten...
blaue Taube: Wir wünschen Dir Frieden mit allen...
Blume in beliebiger Farbe: Wir wünschen Dir Freude am Leben...
gelbe Sonne: Wir wünschen Dir viel Glück im Leben...
rotes Kreuz: Wir wünschen Dir den Glauben an Jesus...
blaue Hand: Wir wünschen Dir immer eine hilfreiche Hand...
Gott, unsere Wünschen gehen nur manchmal in Erfüllung. Aber wenn du etwas sagst, dann geschieht es. Darum bitten wir dich: Laß geschehen, was wir diesen Kindern wünschen. So bitten wir durch Christus.

Lied: Ein Funke ist genug

3. FEIER DES SAKRAMENTS

Siehe: Die Feier der Kindertaufe

Taufbekenntnis mit Gedanken aus der Predigt

Dunkelheit macht Angst; sie ist ein Zeichen für das Böse. Wer dem Bösen widerstehen und widersprechen will, antwortet auf die drei folgenden Fragen: Wir widersagen.
— Widersagt Ihr dem Bösen?
— Und allen dunklen Gedanken: Neid, Vorurteilen und Haß?
— Und allen Taten des Finsternis: Lüge, Unrecht und Gewalt?

Jesus hat zu seinen Jüngern gesagt: Ihr seid Licht für die Welt. Zum Zeichen dafür werden nun die Taufkerzen der Kinder angezündet, die schon getauft sind.
Sie alle lade ich ein, sich nun zum christlichen Glauben zu bekennen und auf die folgenden Fragen zu antworten: Wir glauben.
Glaubt Ihr an Gott, den Schöpfer des Lichtes, des Himmels und der Erde?
Glaubt Ihr an Jesus Christus, seinen Sohn, der als Licht in die Welt kam?

Glaubt Ihr an den Heiligen Geist, die Vergebung der Sünden, die Gemeinschaft der Kirche und ein Leben in Gottes neuer Welt?

Apostolisches Glaubensbekenntnis

4. ABSCHLIESSENDE RITEN

Siehe: Die Feier der Kindertaufe

Jetzt werden die Taufkerzen der Täuflinge an der Osterkerze ange-
zündet. (Zum Überreichen z. B. NN, sei ein Kind des Lichtes! *oder:*
NN, Dein Licht soll vielen Menschen leuchten und Freude machen!)

Segensgebet

Möge die Straße euch entgegeneilen,
möge der Wind immer in eurem Rücken sein.
Möge die Sonne warm auf eure Gesichter scheinen
und der Regen sanft auf eure Felder fallen.
Und bis wir uns wiedersehen,
halte Gott euch im Frieden seiner Hand!
(Irischer Segen)

anderes Segensgebet

Segen sei mit euch, der Segen des strahlenden Lichtes,
Licht um euch her und innen in euren Herzen.
Sonnenschein leuchte euch und erwärme euer Herz,
bis es zu glühen beginnt wie ein Feuer,
und der Fremde tritt näher, um sich zu wärmen.
Aus euren Augen strahle gesegnetes Licht
wie zwei Kerzen in den Fenstern eures Hauses,
die den Wanderer locken, Schutz zu suchen dort drinnen
vor der stürmischen Nacht.
Wen ihr auch trefft, wenn ihr über die Straße geht,
ein freundlicher Blick möge ihn treffen.
(Irischer Segen)

Segen

Schlußlied: Tragt in die Welt nun ein Licht, 1. Str., *dann werden größere Kinder nach vorne gebeten, Eltern reichen ihnen je ein Teelicht, dazu:* Tragt in die Welt nun ein Licht, 2. Str.
Zug zum Ausgang mit den brennenden Kerzen; dazu:
Tragt in die Welt nun ein Licht, 3. Str.

2 Kinder sind ein Sonnenschein

Vorbemerkungen und Vorbereitungen

Zu dieser Tauffeier hatte der 8jährige Peter, der getauft werden sollte, eine große gelbe Sonne aus Karton ausgeschnitten; außerdem hatte er für alle Kinder Sonnenblumenkerne in Blumentöpfe gesät: die kleinen Pflanzen waren etwa 15 cm hoch.

Bei der Feier kann ein Bild gestaltet werden: Oben leuchtet eine große Sonne, daran werden noch einige Strahlen mit Fürbitten geklebt; unten stehen (Sonnen)Blumen mit gelben Blüten; in den Blüten stehen die Namen der Täuflinge. Dafür wird eine Stellwand gebraucht. Die Osterkerze steht sichtbar vorne.

Texte zur Auswahl

Aus dem Evangelium nach Johannes
Das wahre Licht kam in die Welt. Es erleuchtet jeden Menschen.
Er kam in sein Eigentum, aber die Seinen nahmen ihn nicht auf.
Allen aber, die ihn aufnahmen, gab er Macht, Kinder Gottes zu werden.
(Joh 1,9.11 f)

Aus dem Evangelium nach Matthäus
Jesus sagte zu den Menschen: Ihr seid Licht für die Welt. (Niemand zündet eine Lampe an und stellt sie unter den Eimer, sondern auf einen Leuchter, damit sie allen im Haus leuchtet.) So leuchte euer Licht vor den Menschen, (damit sie eure guten Werke sehen und euren Vater im Himmel preisen).
(Mt 5,14–16)

Es gibt Momente, da wünsche ich mir, ich wäre Sonnenstrahlen für Dich: Sonnenstrahlen, die Deine Hände wärmen, Deine Tränen trocknen, Sonnenstrahlen, die Dich an der Nase kitzeln und Dich zum Lachen bringen, Sonnenstrahlen, die Deine dunklen Winkel in Deinem Innern erleuchten, Deinen Alltag in helles Licht tauchen, die Eisberge um Dich zum Schmelzen bringen.
(Margot Bickel)

Einen jungen Mann beschäftigte die Frage, was wäre, wenn es Gott nicht gäbe. Die einen sagten: Dann müßten wir nicht in die Kirche gehen. Andere meinten: Dann brauchten wir keine Kirchensteuer zu zahlen. Wieder andere sagten: Dann würde es wohl noch mehr Streit und Krieg geben. Aber mit diesen Antworten war der junge Mann nicht zufrieden. Da traf er einen alten Mann, der an einem großen Baum in der Sonne saß. Alter, kannst du mir sagen, was wäre, wenn es Gott nicht gäbe? Ja, sagte der Greis, das kann ich. Stell dir vor, es gäbe auf der Erde kein Licht, keine Wärme, keine Sonne, was wäre dann? Der junge Mann lachte: Das ist doch einfach! Dann gäbe es auch kein Leben, keine Blumen, keine Tiere und keine Menschen. Die Erde wäre eine öde Wüste. Siehst du, und ohne Gott, der das Licht unserer Seele ist, wären wir wie öde Wüsten: ohne Hoffnung, ohne Liebe und Leben. Denn Gott ist wie die Sonne, und wo er ist, sind Licht und Wärme und Leben im Überfluß.
(nach M. Enders)

Lieder zur Auswahl

Die Sonne hoch am Himmelszelt / So freundlich sind die Menschen / Die Erde ist schön / Laudato si / Einer hat uns angesteckt.

ZUR TAUFFEIER

1. EINGANGSRITEN

Lied: Die Sonne hoch

Begrüßung

Vorstellung der Täuflinge

Gebet

Gott, du hast die Sonne und das Leben geschaffen, du hast NN und NN das Leben geschenkt. Wir danken dir. Wir bitten dich: Leuchte ihnen auf ihrem Lebensweg. So bitten wir durch Christus.

2. WORTGOTTESDIENST

Gespräch

(Kinder werden zur großen Sonne eingeladen)
Schaut Euch an, was Peter gemacht hat...
Die Sonne ist wichtig für unser Leben. Stellt Euch einmal vor, wie es wäre, wenn es keine Sonne gäbe...
es wäre dunkel, und wenn es dunkel ist...
es wäre kalt...
und wie wäre es mit dem Spielen...
Vielleicht habt ihr schon einmal gesehen, wie eine Kartoffel im dunklen Keller aussieht...
Ich bin einmal mit einem Boot in eine Höhle gefahren. Nach kurzer Zeit war kein Leben mehr.
Ohne Sonne gibt es kein Leben.
Die Sonne am Himmel sorgt dafür, daß es auch auf der Erde hell ist und daß es auch hier unten kleine Sonnen gibt, denn wenn die Sonne scheint, blühen viele gelbe Blumen... *(Löwenzahn, Ringelblume, Sonnenblume)*
Peter hat für Euch alle Sonnenblumen gesät. Er wird sie nun auf die Sonnenstrahlen stellen und Ihr stellt Euch dahinter. Am Ende der Tauffeier nehmt Ihr Eure Sonnenblume mit (und könnt sie im Garten/in einen größeren Topf pflanzen). Die Sonnenblumen sollen Euch daran erinnern: Ihr könnt wie eine kleine Sonne, wie eine Sonnenblume sein... (Wann seid Ihr denn wie eine Sonne? Wenn Ihr anderen Freude und Wärme schenkt.)
Gewiß kennt Ihr gute Menschen, die Euch Wärme und Freude schenken, wenn ihr traurig oder krank seid...
Einer ist für alle Menschen Licht, schenkt allen Leben und Freude. Von ihm will ich Euch nun vorlesen. Dazu geht zu Euren Eltern.

Aus dem Evangelium nach Johannes

Jesus sagte seinen Jüngern: Ich bin als Licht in die Welt gekommen, damit jeder, der glaubt, nicht in der Finsternis bleibt.

(Joh 12,46)

Predigt

Liebe Eltern und Paten, liebe Gäste,
viele alte Völker haben die Sonne als Gott verehrt, etwa die Mexikaner und Ägypter. Sie hatten beobachtet: Ohne die Sonne und ihr Licht gibt es kein Leben auf dieser Erde. Im Garten wächst nichts ohne die wärmenden Strahlen der Frühjahrssonne. Ein paar übriggebliebene Kartoffeln im Keller treiben zwar blasse Keime, aber diese sterben bald ab. Ohne Sonne kein Leben. Ich glaube: bei allem technischen Fortschritt wissen auch wir Menschen von heute noch die Sonne zu schätzen. Nach einem kalten Winter oder einem nassen Frühjahr genießen wir die Sonne. Sie, die Mütter, gehen lieber bei Sonnenschein als bei Regen mit ihren Kindern spazieren oder zum Spielplatz. Wenn es bei Ferienfahrten ein paar Tage naß-kalt ist, sinkt die Stimmung der Kinder in den Keller. Bei Sonne ist gleich alles anders. Dann setzen sich junge Leute gerne draußen etwa vor eine Gaststätte; vor wenigen Tage saß eine ältere Frau vor unserer Kirche auf einer Bank und genoß die wärmenden Sonnenstrahlen. Sonne bedeutet Wärme und Helligkeit, Freude, Leben und Lebendigkeit. Das mag am Äquator anders sein, aber bei uns ist ein Sonnentag – ein Sonntag. Daher kommt ja das Wort Sonntag: von Sonne.
Manche Eltern und Großeltern bezeichnen ihr Kind oder Enkelkind als ihren Sonnenschein, denn ein Kind macht das Leben hell, es entfaltet in ihnen Gefühle der Herzlichkeit und Wärme, ein Kind freut sich und sein Lächeln steckt an. Kinder sind voller Leben. Natürlich können dunkle Wolken den Sonnenschein verdecken: das Aufstehen nachts oder Krankheiten z.B., trotzdem beteuern viele Eltern, daß die Freude gerade an den kleinen Kindern überwiegt. Deshalb sagen sie: Kinder sind ein Sonnenschein.
Sie alle möchten, daß das Leben Ihrer Kinder auf der Sonnenseite des Lebens verläuft. Aber so wie es manchmal regnen muß oder Nacht wird, wenn die Sonne untergeht, so muß es in unserem Leben

wohl auch Mühen, Enttäuschungen und dunkle Stunden geben. Doch gerade in solchen Stunden ist es wichtig, ein Licht der Hoffnung zu haben. Unsere christlichen Schwestern und Brüder vergangener Jahrhunderte haben geglaubt: Ein solches Licht ist Jesus. Er kam auf die Welt, um den Menschen in finsteren Zeiten durch seine Liebe Hoffnung zu schenken. Er ist das wahre Licht, das jeden Menschen erleuchtet, schreibt Johannes, d. h. Jesus zeigt uns Wege zu einem erfüllten Leben. Er kennt die Dunkelheiten unseres Lebens: Er ist wie die Sonne − untergegangen am Karfreitag und Ostern neu aufgegangen, auferstanden.

Ein Symbol dieses Lichtes ist die Osterkerze: Sie erleuchtet in der Osternacht die ganze Kirche und steckt uns und unsere Kerzen an. An der Osterkerze zünden wir deshalb nachher die Kerzen der Täuflinge an.

Nun bitte ich die Eltern nach vorne zu kommen und ihre Wünsche für ihre Kinder zu sagen; die Kinder bringen die Wünsche dann an der Sonne auf dem Bild an: So wie die Sonne auf die Blumen strahlt, so möge Gott Ihre Bitten erfüllen.

Fürbitten

Guter Gott, du bist die Sonne im Leben unserer Kinder.
− Wir wünschen und erbitten unseren Kindern, daß sie nicht nur die Sonnenseiten des Lebens, sondern auch schwierige Situationen mit Frohsinn meistern und ihr Lachen auf ihrem Weg niemals verlieren.
− Wir wünschen unseren Kindern, daß sie stets den richtigen Weg wählen und daß dieser Weg von Sonnenschein erhellt ist.
− Wir wünschen unseren Kindern den Mut und die Kraft, jede Lebenssituation mit Herzlichkeit und Hoffnung zu bestehen.
− Wir wünschen unseren Kindern einen aufmerksamen Blick für die Menschen, die im Dunkel von Armut und Krankheit, Einsamkeit oder Hoffnungslosigkeit leben...

Lied: So freundlich sind die Menschen *oder* So wie die Sonne

3. FEIER DES SAKRAMENTS

Siehe: Die Feier der Kindertaufe

4. ABSCHLIESSENDE RITEN

Siehe: Die Feier der Kindertaufe

Zum Anzünden der Taufkerzen Lied:
Tragt in die Welt nun ein Licht *oder* Einer hat uns angesteckt

Vor dem Segen liest ein Vater/eine Mutter

Ich wünsche mir, ich wäre stets wie Sonnenstrahlen für Dich: Sonnenstrahlen, die Deine Hände wärmen und Deine Tränen trocknen, Sonnenstrahlen, die Dich an der Nase kitzeln und Dich zum Lachen bringen, Sonnenstrahlen, die Deine dunklen Winkel in Deinem Innnern erleuchten, Deinen Alltag in helles Licht tauchen und die Eisberge um Dich zum Schmelzen bringen.
(nach Margot Bickel)

Segen

Lied: Die Erde ist schön *oder* Laudato si

3 Ein neuer Stern ist aufgegangen

Vorbemerkungen und Vorbereitungen

Diese Tauffeier ist für die Advents- und Weihnachtszeit gedacht. Die Eltern gestalten einen blauen Plakatkarton, auf dem der Name des Kindes in einem gelben Stern steht. Später kleben sie Sterne mit ihren Namen und einem Wunsch für die Kinder dazu. (Dabei kann ein Sternbild entstehen) Auf das Bild wird außerdem ein Komet mit dem Namen Jesus geklebt.

Vielerorts gibt es Sternsinger; evtl. kann eine Gruppe zur Taufe eingeladen werden. Oder ein Stern auf einem Stab geht zur Taufkapelle voran.

Bei dieser Tauffeier können die Kinder Teelichter auf einem Goldkarton in Sternform oder kleine Kerzen mit einer sternförmigen Krause bekommen.

Die Krippe kann auch so einbezogen werden: Nach der Taufe wird eine (Martins-)Laterne mit Sternen und den Namen der Kinder an einem Licht der Krippe angezündet. Diese Laterne geht dem Zug zum Altar voraus und wird auf den Altar gestellt. Daran werden zuerst die Taufkerzen angezündet, dann die Kerzen aller Kinder. Diese Kerzen stehen auf einem Sternkarton.

Lichterketten auf Christbäumen im Altarraum werden erst nach der Taufe angezündet.

Texte zur Auswahl

Psalm 147
Lobet den Herrn, denn er ist gut!
Den Sternen bestimmt er die Zahl,
jeden ruft er bei seinem Namen.
(Ps 147,1.4)

Lesung aus dem Buch Jesaja
Auf, werde Licht, Jerusalem, denn es kommt dein Licht,
und die Herrlichkeit des Herrn geht leuchtend auf über dir.

50

Denn siehe: Finsternis bedeckt die Erde und Dunkel die Völker,
doch über dir geht leuchtend der Herr auf,
seine Herrlichkeit erscheint über dir.
Viele Menschen wandern in deinem Licht,
sie kommen zu deinem strahlenden Glanz.
Blick auf und schau umher:
Sie alle versammeln sich und kommen zu dir.
Deine Söhne kommen von fern,
deine Töchter trägt man auf Armen herbei.
Du wirst es sehen und du wirst strahlen,
dein Herz bebt vor Freude und öffnet sich weit.
(Jes 60,1–5)

Der Beduine, der sich in der Wüste auskennt, taucht mich in tiefe
Nachdenklichkeit: Es genügt das Fehlen eines Sternes, damit eine
Karawane die Richtung verliert.
(Helder Camara)

Im Abschiedsgespräch sagt der kleine Prinz zum Fuchs:
„Die Leute haben Sterne, aber es sind nicht die gleichen. Für die
einen, die reisen, sind die Sterne Führer. Für andere sind sie nichts
als kleine Lichter. Für wieder andere, die Gelehrten, sind sie Probleme. Für meinen Geschäftsmann waren sie Gold. Aber alle diese
Sterne schweigen. Du, du wirst Sterne haben, wie sie niemand
hat..." „Was willst du sagen?" „Wenn du bei Nacht den Himmel an-
schaust, wird es dir sein, als lachten die Sterne, weil ich auf einem
von ihnen wohne, weil ich auf einem von ihnen lache. Du allein
wirst Sterne haben, die lachen können." Und er lachte wieder.
(A. de Saint-Exupéry)

Lieder zur Auswahl

Morgenstern der finstern Nacht, Stern über Bethlehem, Tragt in die
Welt nun ein Licht, Die Sonne hoch am Himmelszelt, Laudato si,
Taizé-Halleluja (Ihr seid das Licht...)

1. EINGANGSRITEN

Lied: Die Sonne hoch am Himmelszelt

Vorstellung der Familien und Paten

Gebet

Guter Gott, dein Sohn Jesus war ein Stern der Hoffnung in einer dunklen Zeit. Erfülle diese Kinder und uns alle mit deinem Licht, damit wir Freude und Hoffnung ausstrahlen. So bitten wir durch Christus.

Lied: Weißt du, wieviel Sternlein

2. WORTGOTTESDIENST

Gespräch

(Kinder werden nach vorne eingeladen)
Wißt Ihr, wieviel Sterne es gibt?
Ich weiß es nicht. Wahrscheinlich weiß das auch Euer Vater oder Eure Mutter nicht und kein Mensch. Denn immer noch werden neue Sterne entdeckt. Viele Sterne kann man nämlich nicht mit den Augen sehen, sie sind so weit weg, daß man ein Gerät braucht...
Manche Sterne könnt Ihr aber auch mit den Augen sehen; vielleicht kennt jemand von Euch den Namen eines Sternes...
Einen großen Stern kennt Ihr alle, er ist so hell, daß Ihr nicht hineinschauen könnt, und im Sommer so warm, daß unsere Haut rot wird...
Wenn es den Stern Sonne nicht gäbe...
Wenn die Sonne scheint, dann kann man draußen spielen und viele haben gleich bessere Laune. Es ist, als ob der Himmel lacht und uns ansteckt damit.

Aber nicht nur der große Stern Sonne ist schön und wichtig, die kleinen Sterne sind es genauso. Früher schauten Menschen auf dem Meer und in der Wüste nach den Sternen. Warum? – Ein Mann, der mit seiner Kamelkarawane oft durch die Wüste unterwegs war, hat einmal gesagt: Wenn e i n Stern fehlt, kann eine ganze Karawane die Richtung verlieren. Und dann?

Aber auch uns machen die kleinen Sterne Freude. Wir sehen sie besonders gut, wenn es dunkel ist. Dann leuchten sie hell.

Kürzlich haben wir ein Fest gefeiert. Da wurde vor vielen Jahren ein Kind geboren. Es schenkte vielen Menschen Freude und zeigte ihnen den rechten Weg... Es war für sie ein Stern der Hoffnung.

Frau/Herr NN wird uns vorlesen, was die Bibel dazu schreibt; Ihr könnt dabei zu Euren Eltern gehen.

Aus dem Evangelium nach Matthäus

Als Jesus in Bethlehem im Lande Juda geboren war, es war in der Regierungszeit des Königs Herodes, kamen Sterndeuter aus dem Osten nach Jerusalem und fragten: Wo ist der neugeborene König der Juden? Wir haben seinen Stern aufgehen sehen und sind gekommen, ihm zu huldigen. Herodes empfing die Sterndeuter in aller Stille und fragte sie aus, zu welcher Zeit der Stern aufgegangen war. Danach wies er sie nach Bethlehem und sagte: Geht und erkundigt euch sorgfältig nach dem Kind. Wenn ihr es gefunden habt, laßt es mich wissen, damit auch ich komme und es verehre.

Die Männer hörten den Wunsch des Königs und gingen. Der Stern aber, den sie hatten aufgehen sehen, zog vor ihnen her bis zu dem Ort, wo das Kind war. Dort blieb er stehen. Als sie den Stern sahen, wurden sie von einer riesigen Freude erfüllt. Sie traten ins Haus und fanden das Kind mit seiner Mutter Maria. Sie warfen sich vor ihm auf die Knie und huldigten ihm. Sie breiteten ihre Geschenke aus: Gold, Weihrauch und Myrrhe. – Im Traum empfingen sie die Weisung, nicht zu Herodes umzukehren. So reisten sie auf einem anderen Weg in ihre Heimat zurück.

(Mt 2,1f. 7–12)

Predigt

Liebe Kinder, zur Erinnerung an diese Geschichte steht über der Krippe ein Stern. Am Licht der Krippe wollen wir nachher unsere Lichter anzünden. Denn auch wir wollen wie Sterne sein und anderen Leuten im Dunkel leuchten und Freude machen durch ein Lächeln, durch ein freundliches Wort.

Liebe Eltern, ich glaube: Jesus ist auch für Ihre Kinder ein guter Stern, ein Orientierungspunkt: Wenn sie an Jesus ihren Lebensweg ausrichten, gehen sie nicht in die Irre und können vielen Menschen Freude schenken. Ihre Kinder werden diesem Stern folgen, wenn Sie, die Eltern, Ihre Kinder begleiten und wenn Sie selbst Licht, Liebe und Freude ausstrahlen. Ich wünsche Ihnen, daß Ihnen das gelingt, daß Sie selbst für Ihre Kinder wie gute Sterne sind: daß Sie Ihnen ein leuchtendes Beispiel geben, sie in dunklen Stunden trösten und den rechten Weg ins Leben weisen. – Selbst wenn Sie einmal den Eindruck haben sollten, daß Ihr Kind Ihnen fern ist, und meinen, nichts mehr ausrichten zu können: Denken Sie an die Sterne. Strahlen Sie wie die Sterne aus der Ferne Licht aus und bleiben Sie ein Orientierungspunkt für Ihr Kind oder für andere.

Liebe Kinder, liebe Eltern, die Sterne haben einen Namen – so wie wir Menschen. Viele Sterne zusammen bilden ein Sternbild. Ein Sternbild wollen Sie nun gestalten – mit dem Namen Jesu auf diesem Stern und mit den Namen der Kinder. Alle, die hier sind, gehören zum Bild und heften nachher ihren Stern mit einem Wunsch für die Kinder dazu.
Die Paten lesen vor, was sie den Täuflingen zur Taufe wünschen.

Fürbitten

Aufheften der Sterne

Dazu oder danach Lied: Taizé-Halleluja

3. FEIER DES SAKRAMENTS

Siehe: Die Feier der Kindertaufe

Nun wollen auch wir einem Stern zur Taufkapelle folgen. Ihr alle bekommt ein Licht — auf einem Stern.

Prozession mit Kerzen und Sternen zur Taufkapelle, Stern(singer) vorweg

Lied: Stern über Bethlehem

Taufbekenntnis mit Gedanken der Predigt

Finsternis ist seit alters her ein Bild für das Böse.
Johannes forderte die Christen vor 2000 Jahren auf, sich von der Finsternis abzuwenden und als Kinder des Lichtes zu leben.
Ich frage Sie ausdrücklich, ob Sie dem Bösen widersagen:
Widersagt Ihr der Finsternis von Haß und Gewalt?
Widersagt Ihr allen dunkeln Plänen, andern zu schaden?
Widersagt Ihr allem, was Leben zerstört und Tod bringt?

Nun frage ich nach unserm Glauben:
Glaubt Ihr an Gott, den Schöpfer des Lichtes und des Lebens?
Glaubt Ihr an Jesus Christus, der wie ein Stern der Hoffnung aufging und unserm Leben Freude und Richtung schenkt?
Glaubt Ihr an den Heiligen Geist, an die Gemeinschaft der Kirche, an Vergebung und Neubeginn, auch wenn es in diesem Leben einmal dunkel wird?

Apostolisches Glaubensbekenntnis

4. ABSCHLIESSENDE RITEN

Siehe: Die Feier der Kindertaufe

Auf dem Weg zum Altar werden die Lichter an den Christbäumen angezündet.

Schlußlied: Laudato si

VARIATIONSMÖGLICHKEITEN

Predigt *(wenn die Lesung aus dem Buch Jesaja vorgelesen wurde)*

Liebe Eltern,

wie wir beim Propheten hörten, so tragen Sie heute Ihre Kinder herbei — zu dem Menschen, der Licht für die Welt sein wollte, zu Jesus. Jesus ist ein guter Orientierungpunkt, ein guter Stern für Ihre Kinder: an ihm können die Kinder ihren Lebensweg ausrichten, dann gehen sie nicht in die Irre. Dann werden sie ein weites Herz für andere Menschen haben und Freude erleben und schenken. Aber: die Kinder werden nur dann zu diesem Licht kommen, wie Sie, die Eltern, Ihre Kinder hintragen, hinbegleiten, und wenn Sie selbst Licht, Liebe und Freude ausstrahlen. Ich wünsche Ihnen, daß Ihnen das gelingt und daß Sie für Ihre Kinder wie gute Sterne sind: daß Sie Ihren Kindern ein leuchtendes Beispiel geben, daß Sie Ihre Kinder in dunklen Stunden trösten, daß Sie Ihren Kindern den rechten Weg ins Leben weisen... *(wie oben)*

Dritter Teil
Gottes wunderbare Schöpfung

1 Jedes Kind ist einmalig und lebt in Gemeinschaft

Vorbemerkungen und Vorbereitungen

Als eine Familie ihr drittes Kind taufen lassen wollte, wünschte sie, in der Feier sollte deutlich werden: Jedes Kind ist einmalig, aber alle gehören zusammen, und das ist schön. – Diese Feier ist vor allem für Taufen gedacht, bei denen die meisten der teilnehmenden Familien mehrere Kinder haben. Mit allen Tauffamilien wird vereinbart, daß jedes größere Kind eine Blume mitbringt; die Blumen sollten verschieden sein. (Falls ein Kind ohne Blume kommt, kann man ihm eine Blüte des Altarschmuckes geben.) Außerdem gestalteten die Familien je einen Plakatkarton mit einem großen Blumenstrauß; die Blumenköpfe fehlten. Unten auf dem Karton steht: Herzlichen Glückwunsch zur Taufe, außerdem der Vorname des Kindes, Geburts- und Taufdatum.

Bei der Osterkerze steht eine nur mit Wasser gefüllte Blumenvase.

Es ist auch möglich, daß die Kinder nach dem Gespräch in einem Nebenraum je eine Papierblume malen und diese auf ein entsprechend vorbereitetes Plakat aufkleben oder aus verschiedenfarbenen Kreppapier eine große Blume basteln; auf den Blütenblättern steht ein Wunsch. Die Blumen werden nach der Taufe den Eltern der Tauffamilien überreicht. Dazu müssen entsprechende Materialien und Unterlagen und eine Hilfe bereitstehen.

Evtl. verschenken Geschwister der Täuflinge zum Schluß Blumen an die Anwesenden.

Texte zur Auswahl

Die Geburt eines Kindes ist wie der Beginn der Blütezeit einer Blume: Etwas Einzigartiges beginnt zu leben. Und mit Freude und ein wenig Wehmut ist zu sehen, wie das, was da beginnt, jeden Tag in sich aufnimmt als wäre es der erste und gleichsam der letzte.

(Margot Bickel)

Leben – einzeln und frei wie ein Baum
und geschwisterlich wie ein Wald,
das ist unsere Sehnsucht.

(Nazim Hikmet)

„Die Menschen bei dir zu Hause", sagte der kleine Prinz, „züchten 5000 Rosen in ein und demselben Garten... und sie finden dort nicht, was sie suchen... Dabei kann man das, was sie suchen, in einer einzigen Rose oder in einem bißchen Wasser finden. Aber ihre Augen sind blind. Man muß mit dem Herzen suchen."
„Adieu", sagte der Fuchs. „Hier ist mein Geheimnis: Die Zeit, die du für deine Rose verloren hast, sie macht deine Rose so wichtig."
„Die Zeit, die ich für meine Rose verloren habe...", sagte der kleine Prinz, um es sich zu merken. – „Die Menschen haben diese Wahrheit vergessen", sagte der Fuchs. „Aber du darfst sie nicht vergessen. Du bist zeitlebens für das verantwortlich, was du dir vertraut gemacht hast. Du bist für deine Rose verantwortlich..."

(A. de Saint-Exupéry)

Lieder zur Auswahl

Du bist gewollt / Alle Knospen blühen auf / Wenn das Brot, das wir teilen / Jeder Teil dieser Erde / Die Erde ist schön / Lobet den Herren

ZUR TAUFFEIER

1. EINGANGSRITEN

Lied: Alle Knospen blühen auf

Begrüßung

Vorstellung der Tauffamilien und Paten

Eltern und Paten zeichnen ein Kreuzzeichen auf die Stirn der Taufkinder

Gebet

Gott, deine Welt ist bunt. Du hast so viele unterschiedliche Blumen, Vögel, Schmetterlinge und Menschen geschaffen. Wir preisen dich durch Christus, unsern Herrn.

2. WORTGOTTESDIENST

Aus dem Evangelium nach Lukas

Jesus sagte zu den Menschen: Schaut euch die Vögel am Himmel an: Sie säen nicht und ernten nicht, sie haben keinen Speicher und keine Scheune: Gott ernährt sie. Schaut euch die wilden Blumen an: Sie haben kein Garn und nähen keine Kleider, aber kein König in all seiner Pracht ist so schön wie sie. Wenn Gott für die Blumen so gut sorgt, sorgt er noch viel mehr für euch!
(Lk 12,22 ff)

Gespräch

(Die älteren Kinder werden gebeten, mit ihren Blumen nach vorne zu kommen; sie setzen sich im Kreis auf einen Teppich.)
Liebe Kinder, Jesus sagt den Menschen: Schaut euch die Blumen des Feldes an, daran können sie vieles entdecken. Wir wollen uns nun eure Blumen anschauen.
Seht einmal, jede Blume anders! *(Selbst wenn z. B. zwei Rosen dabei sind, wird man Unterschiede in Farbe, Größe o. ä. finden.)*
Nennt einmal die Farben...
Aber auch die Blätter sind verschieden...
Die Blumen haben unterschiedliche Namen...
Welche ist am schönsten? Ich finde: Jede ist schön.
Ich finde es auch schön, daß es verschiedene Blumen gibt. Wenn alle Blumen auf der Welt gleich aussähen...

Nun legt die Blumen vor Euch und schaut Euch einmal gegenseitig an. Auch Ihr seid verschieden...
das Alter... die Größe...
die Haare..., die Augen..., die Ohrläppchen...

60

Ihr habt verschiedene Namen...

Sogar die Stimmen sind verschieden, deshalb könnt Ihr Eure Eltern oder Geschwister erkennen, auch wenn sie im Nebenzimmer oder am Telefon sprechen.

Alles an uns ist einmalig: Die Großen wissen vielleicht, wie das mit den Linien auf der Haut des Daumens ist...

Jeder ist anders. Ihr seid einmalig! Das ist gut. Stellt Euch einmal vor, wie es wäre, wenn alle gleich aussähen...

Nun gebt mir Eure Blumen. –

Wie nennt man es, wenn viele Blumen zusammen sind?

Und wenn viele verschiedene Menschen zusammen sind... (sind sie eine Gemeinschaft.)

Ich will e i n e Blüte in die Vase stellen...

Wenn viele zusammen sind, dann geben sie sich Halt.

So ist es auch mit uns Menschen. Es ist schön, daß alle verschieden sind, aber es ist auch schön, wenn viele zusammen sind. Andere Menschen halten uns, die Familie, Schulklasse, Gemeinde.

Ich stelle die Blumenvase nun zur Osterkerze. Die Osterkerze erinnert uns an Jesus: Unsere Blumen, wir sind jetzt gemeinsam bei ihm.

(Sofern die Kinder nun Blumen malen, folgt eine Predigt an die Erwachsenen, sonst nur der zentrale Gedanke der Predigt in wenigen Sätzen.)

Predigt

Liebe Eltern,

wir feiern die Taufe von drei Kindern gemeinsam – dabei ist jedes Kind einmalig: so einmalig und so verschieden von den andern wie die verschiedenen Blumen, die die Kinder zur Taufe mitgebracht haben. Jedes Kind hat andere Eltern, verschiedene Erbanlagen, ein unterschiedliches Aussehen, sogar jeder Fingerabdruck ist anders. Ich habe einmal den Satz gelesen: Jedes Kind ist ein einmaliger Gedanke Gottes. Mir gefiel dieser Satz.

Wenn wir Menschen etwas schaffen, ein Auto, eine Schreibmaschine oder Bierflasche, dann machen wir häufig tausende gleicher Stücke. Wir haben nur wenig Fantasie, selbst wenn es nach einer gewissen Zeit wieder ein neues Modell gibt. Vor längerer Zeit sah ich in einem Bericht aus Holland ein Gewächshaus mit 80 000 völlig gleichen Gerbera: Gärtner hatten sie durch Klonen gemacht. Zu solcher Massenware finden wir kaum eine Beziehung. Etwas anderes aber ist es, wenn wir etwas persönlich gestalten: Wenn jemand ein Bild malt, sich ein Haus baut, einen Garten anlegt oder einen Pullover strickt, hängt man mehr daran als an irgendwelcher Massenware, weil es einmalig ist. Ich komme zurück auf den Ausgangsgedanken: Wir Menschen sind keine Dutzendware, jeder, jede ist ein einmaliger Gedanke Gottes – ein Ausdruck seiner Fantasie – und zu jedem, jeder hat er eine persönliche Beziehung.

Aber: auch wenn jeder Mensch einmalig ist, so sind wir doch nicht allein auf der Welt: Wir teilen sie mit vielen andern, ja können nicht einmal alleine leben. Niemand kann in Frieden leben, wenn ringsum Krieg ist; niemand kann eine gesunde Umwelt für sich haben: Wenn die Ozonschicht zerstört wird, sind viele betroffen, wir teilen Luft und Wasser mit vielen, leben auf derselben Erde. Die Verflechtungen sind vielfältig – die Kinder leben in der Familie, in der Kindergartengruppe und in der Schulklasse, wir sind mit andern auf der Straße, im Betrieb und in der Nachbarschaft. Das kann eine Last sein, das bedeutet Verantwortung, aber ich finde: Das Leben mit anderen kann schön und eine Bereicherung sein, weil wir uns mit andern ergänzen und austauschen können. Der bunte Strauß aus vielerlei Blumen ist ein Zeichen dafür.
Liebe Eltern, liebe Paten, Ihre Kinder sind einmalig. Entdecken Sie die besonderen Begabungen und Eigenarten Ihrer Kinder und freuen Sie sich darüber! Und verlangen Sie nicht von *einem* Kind, was das *andere* kann oder hat. Vermitteln Sie Ihren Kindern auch, wie wichtig und wie schön es ist, daß wir mit andern zusammenleben und unser Leben, unsere Freude und unsere Sorgen teilen können, daß wir letztlich Geschwister in der einen großen Menschheitsfamilie sind, deren Ursprung wir Gott nennen oder besser noch Vater, denn seiner Fantasie und Liebe verdanken wir unser Leben und das Leben der Kinder. Amen.

Fürbitten

(Zu den Kindern)
Zu einem Fest schenken wir manchmal Blumen. Heute ist für die Taufkinder ein Fest. Deshalb haben die Eltern einen Blumenstrauß vorbereitet. Er ist aus Papier, damit er nicht verdorrt und die Kinder ihn sich anschauen können, wenn sie größer geworden sind. Aber da fehlt ja das Wichtigste... Die Blüten werden Eltern, Paten und Geschwister nun aufsetzen. Jede ist anders. Und auf die Blüten haben sie geschrieben, was sie dem Taufkind wünschen. Zwei Wünsche aus jeder Familie sollen laut gesprochen werden. Wir alle bitten Gott, daß sie in Erfüllung gehen. Danach werden alle Blüten aufgeklebt.

Gott, wir haben viele Wünsche für diese Kinder. Wir bitten dich:
– sorge für ihr Leben...
– schenke ihrem Leben viel Freude...
– öffne ihre Augen für das Schöne in der Welt...
– gib ihnen Achtung vor jedem Menschen, auch wenn er anders ist...
– laß die Tauffamilien gute Gemeinschaften sein...
– hilf den Eltern, jedes Kind so zu nehmen, wie es ist...
– ...

Lied: Jeder Teil dieser Erde

3. FEIER DES SAKRAMENTS

Siehe: Die Feier der Kindertaufe

ḤLIESSENDE RITEN

rtaufe

ḅben gehört, was wir Menschen mit den Blumen
ṇ. Jeder Mensch, jedes Geschöpf ist einmalig. In

der Gemeinschaft ist unser Leben bunt und wir geben uns Halt –
wie der Strauß den Blumen. Guter Gott, durch die Taufe finden die
Kinder Halt auch in der großen Gemeinschaft der Kirche. Bald sollen sie nicht nur gehalten werden, sondern auch andern Halt geben.
Du hältst uns alle, den Strauß Kirche, in deiner Hand. Wir danken
dir durch Christus.

Schlußlied: Lobet den Herren

Zum Schluß verschenken die Kinder Blumen an die Anwesenden.

VARIATIONSMÖGLICHKEIT

*Statt auf die Verschiedenheit der Blumen kann auch auf die Ver-
schiedenheit der Teile unseres Körpers hingewiesen werden: Nase,
Ohr, Hand und Fuß. Auf einer Stellwand kann ein Puzzle aus den
Körperteilen entstehen: Alle sind verschieden und aufeinander angewiesen, sie ergänzen sich. Dazu paßt die Lesung aus dem Brief
an die Korinther:*

Der Leib besteht nicht nur aus einem Körperteil, sondern aus vielen. Wenn der Fuß sagt: Weil ich keine Hand bin, gehöre ich nicht
zum Leib, so gehört er doch dazu. Und wenn das Ohr spräche: Weil
ich kein Auge bin, gehöre ich nicht zum Leib, so gehört es doch
zum Leib. Wäre der ganze Leib Auge, wie könnte er hören? Wäre
der ganze Leib Ohr, wie könnte er riechen? Nun aber hat Gott die
Glieder zu einem Leib zusammengefügt. Es sind zwar viele Glieder, aber nur ein Leib. Das Auge kann zur Hand nicht sagen: Ich
brauche dich nicht, und der Kopf nicht zu den Füßen: Ich habe
euch nicht nötig. Nein, im Gegenteil, gerade die schwachen Glieder
sind nötig. Die Glieder, die wir weniger achten, erhalten besonderen Schutz. So soll kein Streit im Leib entstehen, sondern die Glieder
sorgen einträchtig füreinander. Und wenn ein Glied leidet, leiden
alle mit. – Ihr seid zusammen der Leib Christi, einzeln seid ihr dessen Glieder.
(aus 1 Kor 12,14–27)

64

2 Die Elemente Wasser, Feuer, Luft und Erde bei der Taufe

Vorbemerkung und Vorbereitungen

Die vier Lebenselemente kommen in unterschiedlicher Weise bei der Taufe vor; sie werden gesegnet, damit sie den Kindern Leben und Heil schenken.

Auf einem Tisch stehen eine große Schale mit Wasser und die Taufkanne, außerdem ein Olivenkern und Chrisam sowie Blumen; kleine Schwimmkerzen für alle Kinder, beim Tisch steht die Osterkerze; am Tisch sind gefüllte Luftballons festgebunden.

Texte zur Auswahl

Ohne Gott bin ich ein Fisch am Strand,
ein Tropfen in der Glut, ein Gras im Sand.
Wenn Gott mich bei meinem Namen ruft,
bin ich Wasser, Feuer, Erde, Luft.
(Jochen Klepper)

Aus dem Buch Daniel
Preiset den Herrn, Sonne und Mond,
preiset den Herrn, ihr Sterne am Himmel.
Preiset den Herrn, Regen und Tau,
preiset den Herrn, alle Winde.
Preiset den Herrn, Feuer und Hitze,
preiset den Herrn, Schnee und Eis.
Preiset den Herrn, Nächte und Tage,
preiset den Herrn, Licht und Dunkel.
Preiset den Herrn, Berge und Hügel,
preiset den Herrn, all ihr Gewächse.

Preiset den Herrn, all ihr Quellen,
preiset den Herrn, ihr Meere und Flüsse.
Preiset den Herrn, ihr Tiere des Meeres,
preiset den Herrn, ihr Vögel des Himmels.
Preiset den Herrn, alle ihr Tiere, wilde und zahme,
preiset den Herrn, ihr Menschen alle.

(Dan 3,62 ff)

Aus dem Sonnengesang des Franziskus
Gelobt seist du, Herr,
mit allen Wesen, die du geschaffen:
mit Schwester Sonne,
die uns den Tag her/aufführt
und Licht mit ihren Strahlen schenkt.
In ihrem herrlichen Glanz ist sie dein Bild.

Gelobt seist du, Herr,
durch Bruder Wind und Luft und Wolke und Wetter,
die sanft oder streng
nach deinem Willen die Wesen leiten.

Gelobt seist du, Herr,
durch Schwester Quelle,
wie nützlich ist sie in ihrer Einfachheit,
wie köstlich und rein.

Gelobt seist du, Herr,
durch Bruder Feuer,
durch den du uns leuchtest zur Nacht,
schön und freundlich ist er am wohligen Herd,
mächtig als lodernder Brand.

Gelobt seist du, Herr,
durch unsere Schwester, die Mutter Erde,
sie trägt uns gütig und stark
und bietet uns vielerlei Früchte
und farbige Blumen und Wiesen.

Gelobt seist du, Herr,
durch die Menschen,
die vergeben um deiner Liebe willen,

die Leid und Mühen geduldig tragen,
du, Höchster, wirst sie belohnen.

Lieder zur Auswahl

Du, Herr, gabst uns / Jeder Teil dieser Erde / Laudato si / Die Erde
ist schön / Dein Lob, Herr, ruft der Himmel aus / Der Geist des
Herrn / Einer hat uns angesteckt.

ZUR TAUFFEIER

1. EINGANGSRITEN

Lied

Begrüßung

Vorstellung der Tauffamilien und Paten

Gebet

Gott, du bist der Schöpfer der Welt, der Schöpfer der Menschen. Du
hast auch den Kindern NN, NN... das Leben geschenkt. Wir preisen
deine Fantasie und Liebe durch Christus.

2. WORTGOTTESDIENST

Lesung aus dem Buch des Propheten Jesaja
Jetzt aber, so spricht der Herr, der dich geschaffen und geformt
hat: Fürchte dich nicht, denn ich habe dich befreit; ich habe dich
beim Namen gerufen, du gehörst mir. Wenn du durchs Wasser
schreitest, bin ich bei dir, wenn durch Ströme, dann reißen sie dich
nicht fort. Wenn du durch Feuer gehst, wirst du nicht versengt,
keine Flamme wird dich verbrennen. Denn ich, der Herr, dein Gott,
bin dein Retter.
(Jes 43,1–3a)

Gespräch mit Kindern

Stellt Euch einmal vor, es gäbe kein Wasser...
Ohne Wasser können wir nicht leben.
Aber zuviel Wasser ist auch nicht gut: wenn es dauernd regnet...
Ebenso ist es mit der Sonne: Wie wäre es ganz ohne Sonne?
Aber wenn die Sonne dauernd scheint...
Ohne Wasser und Sonne können wir nicht leben.
Wir brauchen zum Leben noch mehr, wir brauchen Erde... wozu?
und die Luft...
Wir brauchen Wasser und Sonne zum Leben, wir brauchen Erde und
Luft. Früher haben die Menschen gesagt: Wasser und das Feuer der
Sonne, Erde und Luft sind Grundelemente unseres Lebens. Bei der
Taufe werden sie gesegnet, damit sie den Kindern nützen und nicht
schaden.

Wir wollen Wasser und Feuer, Erde und Luft bei der Taufe ent-
decken.
Wo kommt bei der Taufe Wasser vor? *(Taufkanne zeigen!)*
Früher wurden die Kinder ganz ins Wasser getaucht. Deshalb haben
Eure Eltern dieses Wasserbecken mitgebracht.
Auch Feuer kommt bei der Taufe vor... *(Kerzen)* Die größte Kerze in
unserer Kirche ist... die Osterkerze. Sie erinnert uns... Daran wollen
wir nachher diese Schwimmkerzen und später die Taufkerzen der
Taufkinder anzünden.
Auf der Erde wachsen die Blumen *(zeigen)*, die wir bald ins Wasser legen, und Bäume. Ein Baum ist der Ölbaum; seine Früchte sind
die Oliven *(zeigen)*, daraus kann man eine Salbe machen *(Chrisam
zeigen)*. Wozu ist eine Salbe gut? Damit zeichne ich den Kindern
nachher ein Kreuz auf die Stirn.
  Jetzt fehlt uns von den Lebenselementen bei der Taufe nur noch
die Luft. Die Luft ist unsichtbar – so wie Gott unsichtbar ist. Aber
die Luft ist da – und Gott ist da bei der Taufe. Früher hat der Priester bei der Taufe die Kinder oder das Wasser mit Luft angehaucht
(so). Das sollte bedeuten, daß der unsichtbare Gottes die Kinder mit
seinem Leben erfüllt. Damit wir die Luft nicht vergessen, haben
Eure Eltern Luftballons mitgebracht: Da ist Luft drin.

Die Eltern und Paten wollen nun kleine Schwimmkerzen an der Osterkerze anzünden; alle können dann vorsichtig eine Kerze und nachher eine Blume ins Wasser legen.

Aktion

Lied: Einer hat uns angesteckt

Fürbitten

Guter Gott, so wie die Kerzen nicht untergehen, so sollen die Kinder im späteren Leben nicht untergehen, sondern getragen werden vom Glauben und von guten Menschen; sie sollen ein Licht der Freude und Hoffnung für andere sein. Wir bitten dich:
– Bewahre die Kinder vor lebensgefährlichen Gefahren...
– Laß die Kinder nicht untergehen in den Gefährdungen des Lebens...
– Laß die Freude dieser Kinder auf andere Menschen ausstrahlen...
– Schenke ihnen in dunklen Stunden stets ein Licht der Hoffnung...
– Heile sie in körperlichen und seelischen Krankheiten...
– Erfülle die Kinder und Eltern mit dem Geist der Liebe...
– *(mit Handauflegung)* Halte deine schützende Hand über diese Kinder...
– ...
Darum bitten wir durch Jesus, unsern Bruder und Herrn.

3. FEIER DES SAKRAMENTS

Siehe: Die Feier der Kindertaufe

Taufwassersegnung

(Da im Wortgottesdienst kein Evangelientext vorkommt, wird zur Taufwassersegnung das erste Segensformular mit dem Taufbefehl nach Matthäus in leicht überarbeiteter Fassung genommen:)

Das Taufwasser soll gesegnet werden.

Allmächtiger Gott, du hast Wasser und Erde, Feuer und Luft für das Leben der Menschen geschaffen. Dein Sohn Jesus wurde zu Beginn seines Wirkens von Johannes im Jordan getauft. Er gab bei seinem Abschied den Jüngern den Auftrag: Gehet hin in alle Welt und lehret alle Völker und tauft sie im Namen des Vaters und des Sohnes und des Heiligen Geistes. Diesem Auftrag folgen wir nun und bitten dich: Erfülle dieses Wasser mit der Kraft der Heiligen Geistes, damit die Kinder mit Christus verbunden zu einem Leben in Fülle gelangen. So bitten wir durch Christus.

Nach der Taufe

Zur Erinnerung an unsere Taufe können die Kinder ihre Hände in das Taufwasser legen und ein Kreuzzeichen damit machen (*oder:* besprenge ich nun alle mit dem Taufwasser).

Zur Chrisamsalbung

Nun mache ich mit der Salbe ein Kreuz auf die Stirn der Kinder: Die Früchte der Erde sollen Euch Nahrung und Kraft geben; NN, ich salbe Dich mit dem Chrisam des Heiles: Bleibe gesund an Leib und Seele.

Zum Anzünden der Taufkerzen an der Osterkerze

Laßt Euch anstecken von Jesu Liebe und Freude!

4. ABSCHLIESSENDE RITEN

Siehe: Die Feier der Kindertaufe

Lied: Laudato si

3 Wir leben alle auf einer Erde

Vorbemerkungen und Vorbereitungen

Vorne liegen eine Korkwand; Puzzle aus Teilen der Erdkugel, eine aufblasbare Erdkugel (erhältlich z. B. bei missio), Ameise in einer Dose, ein Luftballon und eine Stecknadel, Fähnchen (Zahnstocher mit einem Zettel, darauf je eine Fürbitte).

Lieder zur Auswahl

Erfreue dich, Himmel / Gott liebt diese Welt / Mein Gott, wie schön ist deine Welt / Jeder Teil dieser Erde / Die Erde ist schön / Laudato si

ZUR TAUFFEIER

1. EINGANGSRITEN

Begrüßung

Lied: Die Erde ist schön

Vorstellung: Die Familien und Paten stellen sich vor.

Kreuzzeichen auf die Stirn der Täuflinge

Gebet

Gott, unser Vater, du hast diesen Kinder das Leben auf unserer Erde geschenkt. Wir danken dir für das Wunder des Lebens. Wir danken dir für diese und für alle Kinder. Schütze ihr Leben durch Christus.

2. WORTGOTTESDIENST

Gespräch

(Kinder kommen nach vorne)
Der aufgeblasene Globus mit einer Ameise darauf wird gezeigt...

Stellt euch vor, diese Kugel wäre viel, viel größer...
Das ist dann unsere Erde, und so wie die Ameise, so gehen wir dar-
über.
Diese aufblasbare Weltkugel zeigt ein wenig, wie es auf der Erde ist:
das blaue... Und hier sind die Länder... unser Land...
Woher kommt die Erdkugel und alles, was darauf ist?

In der Bibel, im Buch der Schöpfung steht:
Im Anfang erschuf Gott Himmel und Erde. Die Erde aber war wüst
und leer und Finsternis lag über dem Abgrund.
Da schuf Gott das Licht, das Wasser und die Pflanzen;
er schuf Sonne, Mond und Sterne, Fische und Vögel, Haustiere,
Würmer und wilde Tiere.
Dann sprach Gott: Wir wollen Menschen machen nach unserm
Bild. Und Gott schuf Menschen – Mann und Frau. Gott segnete sie
und sagte: Seid fruchtbar und vermehrt euch. Ich übergebe euch
die ganze Schöpfung. So wurden Himmel und Erde vollendet.
(nach Gen 1–2,4)

Die Bibel schreibt: Gott hat alles gemacht, auch die Erde.
Anfangs war es auf der Erde nicht schön, sondern ungemütlich...
Gott schuf nicht nur die Erde... zuletzt...
Die Menschen hatten Kinder, und die hatten wieder Kinder. Heute
gibt es Menschen überall auf der Erde.
Einmal kam ein Kind auf die Welt, das hieß Jesus. Er wollte, daß
alle Menschen glücklich und in Frieden miteinander leben. Er hat
zu seinen Freunden gesagt: Geht in alle Welt und verkündet die
frohe Botschaft allen Völkern und tauft sie im Namen des Vaters
und des Sohnes und des Heiligen Geistes. Lehrt sie alles, was ich
euch aufgetragen habe. Und seht: Ich bin bei euch alle Tage bis an
das Ende der Welt.
(Mt 28,18–20)

Seitdem sind die Freunde von Jesus in viele Länder gegangen und haben von Jesus und von Gott erzählt. Und wenn heute bei uns ein Kind auf die Welt kommt, dann erzählen die Eltern, Großeltern, Paten und Priester dem Kind von Gottes Liebe und sie lassen das Kind taufen, so wie Jesus gesagt hat.

So gehören auf der ganzen Welt Menschen zu Jesus, bald auch die Kinder, die nachher getauft werden. Aber alle leben auf dieser einen Erde. Wir haben nur eine Welt. Wenn die Erde irgendwo zerstört wird, dann geht es so ähnlich wie mit einem Luftballon – ganz gleich, wo ich hineinpicke *(mit einer Nadel hereinpicken)*...

Deshalb ist es wichtig, daß es der Erde und den Menschen auf der Erde überall gut geht, nicht nur bei uns.

Eure Eltern hatten eine Idee: Sie haben ein großes Foto der Erde in Teile zerschnitten. Jedes Kind bekommt ein Teil. Wenn alle ihr Teil auf dieser Korkplatte zusammenlegen, zeigt das die ganze Erde. Kein Teil, kein Mensch darf fehlen.

Teile verteilen: Kinder setzen sie *(mit Hilfe einer Mutter/ eines Vaters)* zusammen

Dazu Lied: Jeder Teil dieser Erde

Wenn es fertig ist: Das Puzzle anschauen und evtl. zeigen.

Liebe Eltern,
wir alle leben auf der einen Erde – wie in einem Raumschiff. Niemand kann aussteigen oder für sich ein Paradies haben, wenn es den andern schlecht geht. Wir leben nur dann und auf Dauer in Frieden, wenn überall auf der Welt Frieden und Gerechtigkeit herrschen: Wenn irgendwo Atombomben fallen, reicht die radioaktive Verseuchung tausende Kilometer weit; wenn irgendwo Bürgerkrieg ist oder Menschen hungern oder unterdrückt werden, flüchten sie zu uns. Wenn die Ozonschicht zerstört wird, sind wir betroffen, und wenn der Tropenwald abgeholzt wird, fehlt uns die Luft zum Atmen. Deshalb sorgen wir uns um die ganze Welt; jeder, jede bemüht sich an seinem Platz um Frieden, Gerechtigkeit und Schutz des Lebens. Das wollen Sie, liebe Eltern. Sie sind dabei nicht allein. Viele Christen überall auf der Welt sind Ihre Verbündeten. Durch die Taufe werden Ihre Kinder in diese weltweite Gemeinschaft aufgenommen. Erziehen

Sie Ihre Kinder so, daß sie in jedem Menschen Schwester und Bruder sehen. Einer ist unser gemeinsamer Vater. Gott. Ihm wollen wir unsere Wünsche für die Kinder – hier und überall auf der Erde sagen.

Guter Gott, Vater der Welt, wir bitten dich:
- Laß unsere Kinder in einer Welt voller Liebe aufwachsen und nicht in einer Welt voller Gewalt und Elend...
- Erfülle viele Menschen mit deinem Geist, damit sie für die Rechte der Kinder überall auf der Welt eintreten...
- Laß unsere Kinder offen und ohne Vorurteile aufwachsen und mutig gegen Mißstände angehen...
- Schenke unseren Kindern ein Leben in Gesundheit in einer gesunden Umwelt...
- Hilf uns Eltern, daß die Kinder in unseren Familien den Glauben an dich erleben und sich aneignen...
- Gib unseren Kindern die Kraft, Schwierigkeiten nicht aus dem Weg zu gehen, sondern sie hoffnungsvoll zu überwinden...

Anschließend stecken alle ihren Wunsch, ihre Bitte mit dem Fähnchen auf die Korkplatte mit dem Bild der Erde.

3. FEIER DES SAKRAMENTS

Siehe: Die Feier der Kindertaufe

Taufbekenntnis mit Gedanken der Predigt

- Widersagt Ihr dem Bösen?
- Widersagt Ihr allem, was die Lebensgrundlagen der Menschen zerstört?
- Widersagt Ihr allen Vorurteilen und aller Gewalt unter den Menschen?

- Glaubt Ihr an Gott, den Schöpfer der Welt und des Lebens?
- Glaubt Ihr an Jesus Christus, den Bruder aller Menschen?
- Glaubt Ihr an den Geist der Liebe, der Vergebung und des Neubeginns?

Apostolisches Glaubensbekenntnis

4. ABSCHLIESSENDE RITEN

Siehe: Die Feier der Kindertaufe

Zum Vaterunser:

Überall auf der Welt sind Menschen, sind Christen. Wir sind verbunden durch unseren Glauben, durch die Liebe. Das wollen wir deutlich machen. Dazu bilden wir einen großen Kreis. Jetzt reichen wir uns die Hände. Wenn wir den Nächsten die Hände geben, sind wir mit allen verbunden. Zu unserm gemeinsamen Vater wollen wir nun beten:
Vater unser...

Schlußlied: Dein Lob, Herr

4 Gottes Schöpfung ist bunt, die Menschen sind verschieden

Vorbemerkungen und Vorbereitungen

Gottes Schöpfung ist bunt: Wer nicht farbenblind ist, sieht es, sobald er die Augen öffnet. Die Vielfalt der Farben ist nur ein Beispiel für die Vielfalt in der ganzen Schöpfung — auch unter den Menschen.

Die Vielfalt der Farben wird in dieser Tauffeier sichtbar gemacht durch einen Blumenstrauß mit verschiedenfarbenen Blüten, durch eine Schale mit Früchten unterschiedlicher Farbe und durch bunte Luftballons.

In der Feier wird jeder Tauffamilie ein Luftballon jeder Farbe überreicht; nach der Feier bekommen alle teilnehmenden Kinder einen Luftballon ihrer Wahl. Auf die Luftballons, die den Tauffamilien überreicht werden, kann mit einem Filzschreiber jeweils die Bedeutung der Farbe aufgeschrieben sein, also „Liebe" auf die roten Ballons; „Wärme" auf die gelben, „Leben, Hoffnung" auf die grünen, „Weite" auf die blauen und „Neubeginn" auf die weißen.

Statt für jeden Täufling einen Luftballon jeder Farbe zu überreichen, kann auch ein Bild gestaltet werden: Aus farbigem Papier werden Luftballons oder Kreise mit den entsprechenden Wünschen ausgeschnitten und zu den Fürbitten auf einen Plakatkarton geklebt.

Zur Auswahl der Farben: Natürlich kann man die Farben des Regenbogens nehmen (vgl. die entsprechende Tauffeier unten S. 84); da es nicht so einfach ist, Luftballons in orange, violett und rosa zu beschaffen, wurde hier eine Auswahl häufiger Farben genommen; es kommt nämlich nicht so sehr auf die einzelnen Farben an als auf die Buntheit allgemein.

Vorne stehen ein bunter Blumenstrauß, eine Schale mit verschiedenfarbigen Früchten und bunte Luftballons.

Wenn Farbflächen auf Plakate geklebt werden, werden 2 Stellwände bereitgestellt.

Text

Eine Schachtel mit bunter Kreide
wünsch ich mir mit allen Farben, die es gibt.
Vor allem Grün und Rot und Blau,
denn hier ist es düster und grau.
Ich malte auf Mauern blaue Wellen, grüne Wiesen
mit bunten Blumen, Maiglöckchen und Narzissen,
und es wäre mein Traum, daß die Mauern
sich auflösen in Schaum und nur übrigbleiben
die blauen Wellen und die grünen Wiesen
mit ihren Blumen und ich, um mich hineinzulegen
und zu atmen.

(Andreas, 15 Jahre)

Lieder zur Auswahl

Farben des Windes / Kleiner bunter Luftballon / Die Erde ist schön /
Lasset uns gemeinsam

ZUR TAUFFEIER

1. EINGANGSRITEN

Lied: Farben des Windes

Begrüßung und Kreuzzeichen

Vorstellung der Tauffamilien und Paten mit eigenen Worten

Eltern und Paten machen ein Kreuzzeichen auf die Stirn der Kinder

Gebet

Guter Gott, du hast die Welt bunt und vielfältig geschaffen, du hast Menschen mit unterschiedlichen Gesichtern und Eigenheiten gewollt. Wir preisen deine Fantasie und Liebe; wir bitten dich: Öffne unsere Augen und Herzen für deine wunderbare Schöpfung und schenke den Kindern Freude und Offenheit durch Christus.

2. WORTGOTTESDIENST

Einführung zur Lesung

Liebe Eltern und Kinder, liebe Freunde der Familien,
Sie alle haben gewiß schon oft einen Regenbogen gesehen. Vor einigen Monaten stand vor einer dunklen Wolke ein prächtiger Regenbogen über dem NN-berg. Auf dem Markt zeigten einige Leute dorthin und staunten, weil der Regenbogen so klar und schön war. – Schon das erste Buch der Bibel erzählt begeistert von einem Regenbogen. Dieser Regenbogen ging nach einer großen Flut auf, als die Sonne endlich wieder schien. Die Überlebenden sahen im Regenbogen ein Zeichen der Verbundenheit Gottes mit den Menschen: Der Regenbogen war wie eine Brücke zwischen Himmel und Erde, zwischen Gott, dem Schöpfer, und seinen Geschöpfen. Die Bibel erzählt das so:

Lesung aus dem Buch der Schöpfung

Als es aufgehört hatte zu regnen, öffnete Noach ein Fenster der Arche und ließ eine Taube fliegen. Nach einiger Zeit kam die Taube zurück und trug einen grünen Zweig in ihrem Schnabel. Da wußte Noach, daß das Wasser der goßen Flut gesunken war. Seine Arche stieß an einen Berg. Da öffnete Noach die Arche und ließ Menschen und Tiere heraus: Sie waren gerettet. – Noach baute einen Altar und brachte Gott ein Opfer dar. Gott aber segnete Noach und seine Familie und sprach zu Noach: Von nun an lebt in Frieden auf Erden. Ich will einen Bund mit euch schließen und verspreche euch und euren Kindern und Enkeln: Nie mehr soll alles Leben auf der Erde untergehen. Da ging ein Regenbogen auf – vom Himmel bis zur Erde. Gott sagte: Das soll das Zeichen des Bundes zwischen mir und euch sein.
(aus Gen 6–9)

Nach dem Bibeltext ruft der Priester alle Kinder nach vorne

Liebe Kinder, der Regenbogen hat viele Farben; vielleicht kennt Ihr einige davon...
Farben gibt es nicht nur im Regenbogen. Unsere ganze Welt ist bunt.
Wir wollen gemeinsam über einige Farben nachdenken:

– rot: Vielleicht kennt Ihr rote Blumen... (Rosen), rote Früchte ... (Kirschen) oder sonst etwas Rotes... (Blut, Wein)
Die Farbe Rot hat eine Bedeutung: Liebe.

– gelb: Nennt einmal gelbe Blumen... (Narzissen, Tulpen, Sonnenblumen), gelbe Früchte... (Bananen, Weizen, Orangen); was ist außerdem gelb? (Sonne)
Weil die Sonne gelb ist, hat die Farbe Gelb die Bedeutung Wärme.

– grün: Ich kenne keine grünen Blumen, aber alle Blumen und Bäume haben etwas Grünes...(Blätter), es gibt auch grüne Früchte... (Äpfel, Trauben)
Die Bedeutung der Farbe Grün: Hoffnung, Leben.

– blau: Nun suchen wir blaue Blumen... (Glockenblume), blaue Früchte... (Trauben, Pflaumen); was ist sonst noch blau? (Himmel, Meer, Wasser)
Bei der Farbe Blau denke ich deshalb an: Weite und Frieden.

– weiß: Es gibt weiße Blumen... (Schneeglöckchen, Rose, Margarite), weiße Früchte kenne ich nicht, aber im Winter ist etwas weiß... (Schnee).
Die Farbe weiß bedeutet: Neubeginn

Ich finde es toll, daß es viele schöne Farben gibt. Ohne Farben wäre die Welt grau und langweilig. Nachher könnt Ihr Euch alle einen bunten Luftballon aussuchen und mitnehmen.
(Zu den Plätzen)

Liebe Eltern,

wann entsteht ein Regenbogen? Wenn die Strahlen der Sonne sich im Wasser der Wolken brechen. Manchmal denke ich: Gott ist wie das Licht der Sonne. Auch die Bibel sagt: Gott ist Licht. Wir können ihn nicht anschauen. Aber sein Licht bricht sich in den Geschöpfen. Sie alle zeigen etwas, einen Teil vom Spektrum seiner Schönheit. Die ganze Schöpfung ist wie ein riesiges, buntes Mosaik: Jedes Geschöpf ist ein Stein in unterschiedlicher Farbe. Denn: Gottes Schöpfung ist bunt, im wörtlichen und im übertragenen Sinne. Ich finde es großartig, daß es so verschiedene Blumen und Früchte, Bäume und Vögel, Fische und Schmetterlinge, Gräser und Insekten gibt. Die Vielfalt ist schön, sie ist Reichtum und Ausdruck der Fantasie und Liebe des Schöpfers. Leider ist diese Schöpfung und ihre Vielfalt heute bedroht. Sie wollen Sorge dafür tragen, daß auch Ihre Kinder und Enkel die wunderbare Vielfalt der Schöpfung erleben, genießen und darüber staunen können. Das ist gut.

Ausdrücklich hervorheben möchte ich die Vielfalt von uns Menschen. Wenn wir von den wenigen eineiigen Zwillingen absehen, ist jeder Mensch bis in alle Einzelheiten einmalig: Jeder, jede hat ein einmaliges Gesicht, eine einmalige Stimme, sogar der Fingerabdruck und die Schrift sind millionenfach verschieden. Ebenso unterschiedlich und einmalig sind unsere Begabungen und Träume, alles, was den Charakter eines Menschen ausmacht. Das ist wunderbar und macht es immer wieder spannend, Menschen zu begegnen und sie zu entdecken. Auch Ihre Kinder sind einmalig — und heute weiß noch niemand, was in ihnen steckt. Sie sind wie ein weißes Blatt Papier oder eine Leinwand: Begegnungen und Ereignisse des Lebens werden ein farbiges Bild entstehen lassen. Ich wünsche Ihnen Achtsamkeit und Freude dabei, Ihr Kind zu entdecken und ihm bei der Entfaltung seiner Begabungen zu helfen.

Sie wollen nun Wünsche, Bitten für die Kinder sagen, die zu den Farben passen. Dabei erhält jedes Kind einen Luftballon in den Farben rot, gelb, grün, blau und weiß. Die großen Kinder helfen gerne.

Sie haben zur Taufe auf farbige Papierballons Wünsche für Ihre Kinder geschrieben. Einige Wünsche wollen Sie nun sagen und auf die Plakate kleben.

Fürbitten

Gott, deine Welt ist wunderschön bunt. Wir bitten dich für die Kinder, die heute getauft werden, und für alle Kinder:
- daß ihre Eltern, Großeltern, Paten und viele andere Menschen ihnen Liebe und Ermutigung schenken... (rote Luftballons)
- daß ihr eigenes Leben von Wärme und herzlicher Nächstenliebe zu allen Menschen erfüllt sei... (gelbe Luftballons)
- daß sie auch in Schwierigkeiten die Hoffnung nicht aufgeben und das Leben aller Mitgeschöpfe achten... (grüne Luftballons)
- daß sie ein weites Herz für Arme und Fremde haben und in Frieden mit allen Menschen und der Schöpfung leben... (blaue Luftballons)
- daß sie nach Fehlern wieder mutig neu beginnen und anderen Menschen vergeben... (weiße Luftballons)
Darum bitten wir dich, guter Gott, durch Christus.

Zum Aufkleben der farbigen Flächen Lied: Die Erde ist schön

3. FEIER DES SAKRAMENTS

Siehe: Die Feier der Kindertaufe

Taufwassersegnung

(Da im Wortgottesdienst kein Evangelientext vorkommt, wird zur Taufwassersegnung das erste Segensformular mit dem Taufbefehl nach Matthäus in leicht überarbeiteter Fassung genommen:)
Das Taufwasser soll gesegnet werden.
Allmächtiger Gott, du hast die Welt in ihrer reichen Vielfalt geschaffen. Du hast deinen Sohn zu uns gesandt. Jesus wurde zu Beginn seines Wirkens von Johannes im Jordan getauft. Er gab bei

seinem Abschied den Jüngern den Auftrag: Gehet hin in alle Welt und lehret alle Völker und tauft sie im Namen des Vaters und des Sohnes und des Heiligen Geistes. Diesem Auftrag folgen wir nun und bitten dich: Erfülle dieses Wasser mit der Kraft der Heiligen Geistes, damit die Kinder mit Christus verbunden zu einem Leben in Fülle gelangen. So bitten wir durch Christus.

Taufbekenntnis mit Gedanken der Predigt

Durch die Taufe werden die Kinder Christen. Christ kann aber nur sein, wer bereit ist zum Widerspruch, zum Widerstand. Seit ältester Zeit werden Eltern und Paten der Täuflinge gefragt, ob sie ihren Kindern darin ein Vorbild sein wollen, ob sie widersprechen, wo Kindern oder Erwachsenen Leid zugefügt wird oder Unrecht geschieht. Wer zu Widerspruch und Widerstand bereit ist, antworte auf die folgenden Fragen: Wir widersagen.
Widersagt Ihr dem Bösen?
Und aller Unduldsamkeit und Überheblichkeit, die nur die eigene Meinung gelten läßt?
Und allem Rassisimus, der andere ablehnt, nur weil sie anders sind?

Anzünden der Taufkerzen älterer Kinder

Nun frage ich nach unserem christlichen Glauben. Wenn Sie diesen Glauben teilen, antworten Sie auf die Fragen: Wir glauben.
– Glaubt Ihr an Gott, den Ursprung des vielfältigen Lebens?
– Glaubt Ihr Jesus Christus, der unter uns lebte, jeden Menschen achtete und den Menschen ein Licht der Hoffnung schenkte?
– Es gibt einen Geist der Liebe, er verbindet die unterschiedlichen Menschen untereinander, die Kirche soll diese Liebe ausstrahlen; diese Liebe vergibt und schenkt neues Leben. Glaubt Ihr an den heiligen Geist der Liebe?

Apostolisches Glaubensbekenntnis

Nach der Taufe Lied: Lasset uns gemeinsam

4. ABSCHLIESSENDE RITEN

Siehe: Die Feier der Kindertaufe

Zum Schluß bilden alle einen Kreis um den Altar, reichen sich die Hände und singen: Vater unser

Austeilen der Luftballons an alle Kinder

Schlußlied: Kleiner bunter Luftballon

5 Das Leben beginnt neu

Vorbemerkungen und Vorbereitungen

Der Regenbogen ist ein altes Symbol der Versöhnung Gottes mit den Menschen und des Neubeginns. In dieser Tauffeier wird für jeden Täufling ein Plakat mit einem Regenbogen gestaltet. Je sieben Familienmitglieder kleben einen Streifen in einer Regenbogenfarbe auf. Unter dem Regenbogen steht entweder nur der Name des jeweiligen Täuflings, dazu Geburtstag und Tauftag, oder darunter ist ein Boot mit dem Namen des Täuflings. Die Plakate ohne die farbigen Bogen sind schon vor Beginn an einer Stellwand befestigt. Es erleichtert das Aufkleben, wenn zumindest für den ersten Streifen der vorgesehene Platz mit Bleistift markiert ist. – Zusätzlich kann auch die Taufkerze mit einem Regenbogen aus farbigem Verzierwachs geschmückt sein. – Der Text des Liedes „Wellen fluten" ist verändert.

ZUR TAUFFEIER

1. EINGANGSRITEN

Lied: Wer unterm Schutz des Höchsten

Begrüßung

Vorstellung der Tauffamilien und Paten

Gebet

Gott, du willst die Rettung der Menschen. Halte deine schützende Hand über das Leben dieser Täuflinge. So bitten wir durch Christus.

2. WORTGOTTESDIENST

Lesung aus dem Buch der Schöpfung
Gott sprach zu Noach: Die Erde ist voller Gewalttat, deshalb soll
alles Leben untergehen. Du aber mache eine Arche aus Zypressen-
holz. Denn eine Flut wird über die Erde kommen. Mit dir will ich
einen Bund schließen. Geh in die Arche, du und deine Familie.
(Von den Tieren führe zwei von jeder Art in die Arche, damit sie
am Leben bleiben.) Nimm auch einen Vorrat von allem Eßbaren
mit. – Noach tat, was Gott ihm aufgetragen hatte.
Am siebten Tag kam eine große Flut über die Erde. Das Wasser
stieg und hob die Arche. Die Flut schwoll an und bedeckte alle
hohen Berge. 150 Tage stand das Wasser über der Erde. Da sorgte
sich Gott um Noach und alle, die mit ihm in der Arche waren. Er
ließ einen Wind über die Erde wehen, und das Wasser sank allmäh-
lich. Nach 40 Tagen sprach Gott zu Noach: Komm heraus aus der
Arche, du und deine Familie; bring auch alle Tiere heraus.
Gott segnete Noach und seine Söhne und sprach zu ihnen: Seid
fruchtbar und vermehrt euch und bevölkert die Erde. Ich schließe
einen Bund mit euch und euren Kindern: Nie mehr soll eine solche
Flut kommen und alles vernichten. Da ging ein Regenbogen auf –
vom Himmel bis zur Erde. Dieses Zeichen sollte Noach und seine
Nachkommen an den Bund mit Gott erinnern.
(aus Gen 6–9)

Predigt

Liebe Eltern, liebe Gäste,
als der Karnevalszug vorbei war, lagen die Straßen voller Abfall
und Schmutz. Eine Kolonne Männer rückte an und fegte. Das war
auch nötig. – Die Geschichte der Sintflut drückt vielleicht auch
den Wunsch der Menschen vor Jahrtausenden aus, daß die Welt
gefegt würde und das Leben der Menschen nochmal neu und besser begänne. Als Bosheit und Gewalt auf der Erde überhand nahmen, sollte gleichsam ein großes Reinemachen erfolgen: Das Böse
sollte untergehen, die Guten aufbewahrt und gerettet werden. Mit
ihnen schließt Gott einen neuen Bund; er sagt ihnen seinen Schutz
zu. Zeichen dafür ist der Regenbogen.

Meine lieben Mitchristen, manchmal wünschte ich mir in diesem Sinn eine neue Sintflut: eine Sintflut, in der alles Böse untergeht: alle Kriege z. B. und alle Waffen, alle Stoffe, die die Umwelt belasten: atomare Verseuchung, Dioxine, Müllhalden, alle Schadstoffe im Boden und Wasser: Die Erde wäre noch einmal rein. Alles Schöne und Gute sollte natürlich erhalten bleiben, in der Natur und in den Menschen: Sie wären liebevoll und hilfsbereit, sie würden nicht streiten, sondern miteinander teilen und feiern. Über ihnen stände gleichsam ein Regenbogen, der Sonne und Regen verheißt und Gottes Verbundenheit mit den Menschen zeigt.

Sie denken vielleicht: Das ist ein Traum. Ja. Aber wird nicht ein wenig von diesem Traum mit der Geburt jedes Kindes Wirklichkeit? Versuchen Sie nicht in Ihrer Familie gleichsam eine schützende Arche zu schaffen, in der Sie freundlich und liebevoll miteinander leben und Freud und Leid miteinander teilen? Und mit jedem Kind beginnt bei seiner Geburt das Leben neu.

Leider gelingt uns ein besseres Leben mit andern, auch mit Kindern, immer nur für kurze Zeit und unvollkommen. Trotz guten Willens gibt es Ungeduld, harte Worte und Streit auch in Familien mit Kindern; wenn die Kinder größer werden und Einflüsse von außen hinzukommen, wird es noch schwieriger.

Dennoch meine ich: Sie und ich, wir sollten den Traum von einem besseren Leben nicht aufgeben. Wenn wir uns nicht einmal darum bemühten, würde es nur schlimmer. Zum Zeichen dafür wollen Sie nun für die Täuflinge ein Regenbogenbild gestalten.

Jeweils eine oder einer sagt einen Wunsch zur Farbe, dann wird diese Farbe auf allen Plakaten aufgeklebt. Dann folgt die nächste Farbe – bis der Regenbogen vollständig ist.

Fürbitten

rot: Wir wünschen Deinem Leben viel Liebe.
orange: Wir wünschen Dir ein Leben reich an Freude.
gelb: Wir wünschen Deinem Leben Wärme und Geborgenheit.
grün: Wir wünschen Dir Hoffnung – auch in Schwierigkeiten.
blau: Wir wünschen Dir die Weite des Himmels und des Meeres.
violett: Wir wünschen Dir Frieden mit allen.
rosa: Wir wünschen Dir immer wieder einen Neubeginn.

Gott, unsere Wünsche sind schwach. Wir bitten dich: Laß in Erfüllung gehen, was wir diesen Kindern Gutes erbitten durch Christus, unsern Herrn.

Lied

Wellen fluten, Wellen wogen: Gott verläßt uns nicht,
in der Arche aufgehoben, über uns der Regenbogen,
siebenfältig Licht.

Liebe Eltern, liebe Gäste,
auch die Taufe hat mit Untergang und Neubeginn zu tun: Der Täufling wurde früher untergetaucht: das Alte sollte untergehen; er tauchte auf zu einem neuen Leben unter Gottes Liebe. So steht es im Evangelium der Taufe Jesu.
Bei seiner Taufe sagt Gott zu Jesus: Dies ist mein Sohn, den ich liebe. Heute sagt Gott zu Ihren Kindern: Du bist mein Kind, das ich liebe.
Zum Zeichen dafür lege ich den Täuflingen die Hand auf.

3. FEIER DES SAKRAMENTS

Siehe: Die Feier der Kindertaufe

4. ABSCHLIESSENDE RITEN

Siehe: Die Feier der Kindertaufe

Vierter Teil
Wasser des Lebens

Vorbemerkungen

Vorbemerkungen und Vorbereitungen

Das zentrale Symbol der Taufe ist das Wasser. Dieses Symbol weist auf so viele Aspekte des Lebens im Glauben hin, daß sie unmöglich alle in eine einzige Tauffeier gepackt werden können. Deshalb folgen hier Anregungen für 5 Tauffeiern zum Thema Wasser mit unterschiedlichen inhaltlichen Akzenten, unterschiedlichen Bibeltexten, unterschiedlichen Aktionsmöglichkeiten und für unterschiedliche Alter der Täuflinge. Selbstverständlich sind einzelne Elemente dieser Tauffeiern austauschbar bzw. anders kombinierbar.

Bibeltexte

Aus dem Evangelium nach Markus
In diesen Tagen kam Jesus von Nazareth und ließ sich von Johannes im Jordan taufen. Als er aus dem Wasser stieg, öffnete sich der Himmel, Gottes Geist erfüllte ihn und eine Stimme aus dem Himmel sprach: Du bist mein Sohn, den ich liebe. Du gefällst mir.
(Mk 1,9–11)

Aus dem Evangelium nach Matthäus
Damals predigte Johannes der Täufer in der Wüste. Die Leute aus Jerusalem und der Umgebung kamen zu ihm. Sie gaben ihre Sünden zu und ließen sich von ihm im Fluß Jordan taufen. Johannes sagte: Ich taufe euch mit Wasser zur Umkehr. Nach mir kommt einer, der ist stärker als ich. Ich bin nicht würdig, ihm die Schuhe zu binden. – Da kam Jesus zu Johannes an den Jordan, um sich von ihm taufen zu lassen. Johannes aber sagte: Ich müßte von dir getauft werden, und du kommst zu mir? Jesus antwortete ihm: Laß

es geschehen! Da gab Johannes nach. Als Jesus getauft war, stieg er aus dem Wasser, der Himmel öffnete sich und eine Stimme sprach: Dieser ist mein Sohn, den ich liebe. An ihm habe ich Gefallen. Hört auf ihn!

(aus Mt 3,1–17)

Aus dem Evangelium nach Matthäus

Jesus sagte zu seinen Jüngern: Mir ist alle Macht gegeben im Himmel und auf Erden. Darum geht und macht alle Völker zu meinen Jüngern und tauft sie auf den Namen des Vaters und des Sohnes und des Heiligen Geistes und lehrt sie alles, was ich euch aufgetragen habe. Und seid gewiß: Ich bin bei euch alle Tage bis ans Ende der Welt.

(Mt 28,18–20)

Aus dem Buch der Schöpfung

Als Gott, der Herr, die Erde machte, gab es auf der Erde noch keine Sträucher und es wuchsen noch keine Pflanzen, denn Gott, der Herr, hatte es noch nicht regnen lassen auf der Erde. Da formte Gott, der Herr, den Menschen aus Erde und blies in seine Nase den Lebensatem. So wurde der Mensch zu einem lebendigen Wesen. Dann legte Gott, der Herr, einen Garten an und setzte den Menschen hinein, den er geformt hatte. Gott, der Herr, ließ aus dem Ackerboden allerlei Bäume wachsen, schön anzusehen und mit köstlichen Früchten. Ein Strom entspringt, der den Garten bewässert.

(aus Gen 2,4–15)

Aus dem Evangelium nach Matthäus

Jesus sagte: Wer einem der Ärmsten auch nur einen Becher frisches Wasser zum Trinken reicht, wird ganz gewiß seinen Lohn erhalten.

(Mt 10,42)

Lesung aus der Offenbarung des Johannes

Ein Bote Gottes kam und zeigte mir einen Strom: das Wasser des Lebens, glänzend und klar wie ein Kristall. Es geht vom Thron Gottes und seines Sohnes aus. Zu beiden Seiten des Flusses stehen

Bäume des Lebens: sie tragen zwölfmal Früchte, jeden Monat einmal. Die Blätter des Baumes dienen zur Heilung der Völker.
(Off 22,1–2)

Aus dem Buch des Propheten Jesaja
So spricht der Herr, der dich erwählte:
Fürchte dich nicht, denn ich bin bei dir.
Schau nicht ängstlich umher, denn ich bin dein Gott
Ich kräftige dich, ich helfe dir auf,
ich halte dich fest mit meiner heilbringenden rechten
Die Armen suchen nach Wasser, doch sie finden es n
Ihre Zunge ist vertrocknet vor Durst.
Ich, der Herr, erhöre sie,
ich, dein Gott, verlasse sie nicht.
Auf kahlen Hügeln lasse ich Wasser strömen,
in den Tälern sprudeln die Quellen.
Wüsten mache ich zu Oasen,
zu sprudelndem Wasser das dürre Land.
In der Wüste pflanze ich Zedern und fruchtbare Bäume,
in der Steppe Zypressen und Eschen.
Sie werden es sehen und staunen,
sie werden erkennen, daß die Hand des Herrn dies alles schuf.
(Jes 41, 9–20)

Aus Psalm 104
Preise den Herrn, meine Seele,
mein Gott, wie groß bist du!
Du bist es, der die Berge benetzt,
von deinem Regen wird fruchtbar das Land.
Du läßt die Quellen in die Bachtäler fließen,
zwischen den Bergen rieseln sie hin.
Daraus trinken die wilden Tiere des Feldes,
Esel stillen daraus ihren Durst.
Durch das Wasser läßt du Gräser wachsen für das Vieh,
und Pflanzen für die Menschen:
Korn, um das Brot zu schaffen,
Wein, der das Herz des Menschen erfreut,
und Öl, um sein Antlitz strahlen zu lassen.

Zuletzt fließt das Wasser ins Meer, so groß und so weit,
es wimmelt von großen und kleinen Fischen.
Wie zahlreich sind deine Werke, o Herr!
Du hast sie alle mit Weisheit geschaffen.

(aus Ps 104)

Infrage kommt auch eine Auswahl aus der Sintflutgeschichte

andere Texte

Wasser, du hast weder Geschmack noch Farbe noch Aroma. Man
kann dich nicht beschreiben. Man schmeckt dich, ohne dich zu
kennen. Es ist nicht so, daß man dich zum Leben braucht: Du selbst
bist das Leben.

(A. de Saint-Exupéry)

Glänzendes Wasser, das sich in Bächen und Flüssen bewegt, ist nicht
nur Wasser. Es ist heilig. Die Flüsse sind unsere Brüder: sie stillen
unseren Durst. Sie tragen unsere Kanus und nähren unsere Kinder.

(Rede des Häuptlings Seattle)

Lieder

Dein Lob, Herr, ruft der Himmel aus / Erfreue dich, Himmel / Der
Himmel geht über allen auf / Ins Wasser fällt ein Stein / Wasser ist
zum Trinken da / Alle Knospen / Laudato si

Mögliche Aktionen:

Taufwasser an einer Quelle holen
Blumen in Wasser setzen/gießen
Wasser trinken
Taufwasser bereiten
Plakatkarton mit Teich, Seerose (Name des Kindes) und Blättern
(Wünsche für den Täufling)
Plakatkarton mit Wüste, Oase und Palme (Name des Kindes) und
Früchten (Wünsche für den Täufling)
Hand ins Wasser legen
alle Kinder machen ein Kreuzzeichen mit dem Taufwasser

Übersicht über die Tauffeiern für eine leichtere Auswahl:

Tauffeier 1: Mit gutem Wasser getauft

Tauffeier unter Beteiligung einer Gruppe von Kindern.

Nach einer Geschichte vom Bau einer Wasserleitung in eine brasilianische Favella und einem Fest zum Wasser bereiten die Kinder das Taufwasser, indem sie Wasser aus kleinen Fläschchen in die Taufkanne gießen.

Evangelium vom Taufbefehl Jesu.

Tauffeier 2: Ohne Wasser kein Leben

Tauffeier unter Beteiligung einer Gruppe von Kindern.

Eine Blume (Tulpe, Alpenveilchen) steht in einer Vase mit Wasser, daneben liegt eine weitere Blüte, die schon einige Zeit kein Wasser bekam, so daß sie den Kopf hängen läßt. – Ohne Wasser gibt es kein Leben – das wird verdeutlicht an Wüste und Oase.

Nacherzählung des Evangeliums von der Taufe Jesu.

Die Familien haben für jedes Taufkind vorbereitet: einen blauen Plakatkarton, in der Mitte eine Seerose mit dem Namen ihres Täuflings, evtl. Geburts- und Taufdatum auf den Blütenblättern; außerdem haben sie große grüne Seerosenblätter für Eltern, Paten und Kinder ausgeschnitten; diese werden bei den Fürbitten auf den Plakatkarton geklebt.

Anstelle des blauen Plakates mit der Seerose kann auch ein gelbes für die Wüste genommen werden: darauf ist eine (Oase mit) Palme, an die Kokosnüsse geklebt werden.

Nach der Taufe legen alle anderen Kinder ihre Hand ins Taufbecken und machen zur Erinnerung an ihre Taufe ein Kreuzzeichen.

Tauffeier 3: Jesus – Quelle des Lebens

Tauffeier unter Beteiligung einer Gruppe von Kindern.

Die Kinder erhalten Brunnenwasser zum Trinken und bereiten das Taufwasser.

Evangelium: Jesus und die Frau am Jakobsbrunnen; außerdem Bezug auf die Taufe Jesu

Nach der Taufe legen alle anderen Kinder ihre Hand ins Taufbecken und machen zur Erinnerung an ihre Taufe ein Kreuzzeichen.

Tauffeier 4: Frisch gewaschen — wie neu geboren.
Taufe eines Kindes von 9 Jahren mit Beteiligung seiner Kommuniongruppe.
Anknüpfend an eine Überschwemmung sprechen die Kinder über die Reinigung.
Evangelium: Jesu Wort zu rein und unrein
Die Taufe des Johannes als Reinigung
Hände in das Taufbecken legen
Nach der Taufe: Asperges

Tauffeier 5: Wiedergeboren aus Wasser und Geist
Taufe nur mit Predigt
Evangelium: Jesu Gespräch mit Nikodemus
Predigt: Alles Leben kommt aus dem Wasser
Eltern/Paten bereiten das Taufwasser

1 Getauft mit unserem Wasser

Vorbemerkungen und Vorbereitungen

Diese Tauffeier findet unter Beteiligung von einer Gruppe Kinder statt.
Auf einem Tisch stehen Taufkanne und Schale sowie für jedes Kind ein
kleines Gefäß mit Wasser (z.B. die kleinen Fläschchen, in denen jugosla-
wische Restaurants den Slivovitz servieren).

Text zur Auswahl

Zur Ergänzung kann der Text aus Jesaja 55 genommen werden.
Ihr Durstigen, kommt alle zum Wasser!
Auch wer kein Geld hat, soll kommen und schöpfen.
Kauft Brot und eßt, kommt und nehmt ohne Geld!
Kauft Wein und Milch ohne Bezahlung!
Warum bezahlt ihr viel Geld für das, was euren Hunger nicht stillt?
Warum gebt ihr den Lohn mühsamer Arbeit für das, was euch nicht
satt macht?
Hört auf mein Wort, dann bekommt ihr das Beste zu essen,
ihr erhaltet in Fülle die besten Speisen.
Öffnet euer Ohr für meine Botschaft,
kommt zu mir, dann werdet ihr leben!
Ich schließe mit euch einen ewigen Bund,
meine Liebe will ich euch schenken für alle Zeit.
(Jes 55,1–3)

1. EINGANGSRITEN

Lied: Wir feiern heut ein Fest

Begrüßung

Vorstellung der Tauffamilien

Gebet

Guter Gott, diese kleinen Kinder brauchen noch lange viel Hilfe, aber es macht Freude, sie zu tragen, zu füttern und zu baden. Segne diese Kinder und alle, die ihnen Hilfe und Liebe schenken. Darum bitten wir durch Christus.

2. WORTGOTTESDIENST

Eine Geschichte zur Einführung des Themas

Am Rande einer großen Stadt in Brasilien hatten sich Familien ohne Wohnung Hütten gebaut aus Brettern, Plastikstücken und anderen Abfällen. Ein ganze Stadt war so entstanden. Die Hüttenstadt liegt an einem steilen Hang, unten im Tal fließt ein breiter Bach. Diese Stadt hatte keinen Wasseranschluß. Einmal täglich kam ein großer Tankwagen mit Trinkwasser, dann stellten sich viele Leute mit Eimern an. Das Wasser mußten sie teuer bezahlen. Zum Waschen gingen die Menschen zum Fluß. Aber das Wasser des Flusses war schmutzig. Denn wenn die Menschen mit Wasser gespült oder die Wohnung geputzt oder auf der Toilette nachgeschüttet hatten, dann floß das schmutzige Wasser einfach aus den Abflußrohren der Hütten den Berg hinunter in den Fluß. So machten es auch viele andere Hüttendörfer vor ihnen. In diesem schmutzigen Fluß wuschen sich die Menschen, sie wuschen ihre Kleidung — und ich habe Kinder gesehen, die in diesem Wasser herumtobten, denn es war heiß. Ein Junge schöpfte sogar mit einer

Blechbüchse Wasser und trank es. Viele Kinder wurden durch das schmutzige Wasser krank.

Deshalb wollten die Menschen der Hüttenstadt eine Wasserleitung. Sie zogen gemeinsam zum Bürgermeister. Der sagte ihnen: Ihr könnt gutes Wasser bekommen, aber Ihr habt ja keine Wasserleitung – und die Stadt hat kein Geld, um Rohre zu bezahlen. Da schrieb der Pfarrer dieser Gemeinde nach Deutschland, und hier haben Christen Geld gesammelt; davon wurden Rohre gekauft. Die Rohre sollten in die Erde gelegt werden, damit sie nicht beschädigt würden. Wer sollte das tun? Die Männer der Hüttenstadt sagten: Wir können selbst gemeinsam einen Graben für die Wasserrohre aufwerfen. Der Graben wurde mehrere Kilometer lang. Sie legten die Rohre hinein und schlossen sie beim Wasserwerk an. Einer drehte einen großen Wasserkranen darauf, und als das Wasser floß, wurde der Graben zugeworfen. Als alles fertig war, feierten die Leute der Hüttenstadt ein großes Fest. Alle kamen mit Gläsern, Flaschen und Eimern.

Ein Mann füllte sein Glas mit Wasser, hob es hoch und sagte: Ich trinke das Wasser des Lebens.

Eine Mutter kam mit ihrem Kind, gab ihm zu trinken und sagte: Das Wasser der Gesundheit!

Eine andere Frau mit zwei kleinen Kindern sagte: Das Wasser der Hoffnung!

Eine Mann, der mit andern die Rohre in den Graben verlegt hatte, hob sein Glas: Ich trinke das Wasser unserer Gemeinschaft.

Ein anderer meinte: Das ist das Wasser unserer Mühen.

Ein Junge ließ einen Eimer voll Wasser laufen, trank daraus und schüttete sich den Rest über den Kopf: Das Wasser der Freude!

So sagten alle, was das gute Wasser für sie bedeutete.

Liebe Jungen und Mädchen,
heute werden NN und NN getauft. Ich schütte ein wenig Wasser über ihren Kopf. Es soll frisches, gutes Wasser sein. Jede, jeder von Euch darf ein solches Fläschchen mit Wasser in die Taufkanne gießen. Ihr sagt dazu, was das Wasser den Taufkindern geben soll. Erinnert Euch an das Fest in Brasilien, dann fällt Euch gewiß etwas ein. Ihr schüttet also Euer Wasser in die Taufkanne und sagt dazu: Das Wasser des Lebens oder wie der Junge: das Wasser der Freude oder was Euch einfällt.

Aktion

Nun segne ich das Wasser: Guter Gott, segne dieses Wasser und alle unsere Wünsche für die Kinder. Ohne gutes Wasser können wir Menschen nicht leben. Schenke den Kindern auch alles andere, was sie zu einem glücklichen Leben brauchen: Liebe und Freude, Hoffnung und Gemeinschaft. So bitten wir durch Christus.

Mit diesem Wasser werden NN und NN getauft. Denn so hat Jesus zu seinen Jüngern gesagt: Geht, macht alle Völker zu meinen Jüngern und tauft sie auf den Namen des Vaters und des Sohnes und des Heiligen Geistes und lehrt sie alles, was ich euch aufgetragen habe. Und seid gewiß: Ich bin bei euch alle Tage bis ans Ende der Welt.
(Mt 28,18–20)

Lied: Du, Herr, gabst uns dein festes Wort

3. FEIER DES SAKRAMENTS

Siehe: Die Feier der Kindertaufe

Frei formuliertes Taufbekenntnis

Wer getauft wird, wird Jünger Jesu. Die Jünger Jesu widersprechen dort, wo Böses geschieht. Ich frage deshalb ausdrücklich Euch und Sie alle:
— Widersagt Ihr dem Bösen?
— Widersagt Ihr allem bösen Tun?
— Widersagt Ihr allem, was zu Bosheit und Unrecht führt?

Die Apostel haben die Menschen gelehrt, was Jesus ihnen aufgetragen hat. Ich frage nun nach diesem unserm Glauben:
— Glaubt Ihr an Gott, den Schöpfer des Lebens?
— Jesus Christus wurde Mensch wie wir, er verkündete Gottes Botschaft, er hat gelitten und ist gestorben. Gott hat ihm neues Leben geschenkt. Glaubt Ihr an Jesus Christus?
— Der Geist Jesu soll weiterwirken in der Kirche, in diesem Geist gibt es Vergebung und Neubeginn — selbst wenn ein Mensch stirbt. Glaubt Ihr an den Heiligen Geist?

Apostolisches Glaubensbekenntnis

4. ABSCHLIESSENDE RITEN

Siehe: Die Feier der Kindertaufe

Zum Anzünden der Taufkerzen

Jesus hat gesagt: Ich bleibe bei euch — bis ans Ende der Welt. Daran erinnert uns die brennende Osterkerze. An der Osterkerze werden nun die Taufkerzen angezündet: Laßt Euch anstecken von Jesu Liebe und Freude!

Segensgebet und Segen

Lied: Laudato si

2 Wasser in der Wüste

Vorbemerkungen und Vorbereitungen

Auf einem Tisch steht eine Vase mit Wasser und einer Blume (Tulpe, Alpenveilchen), daneben liegt eine weitere Blüte, die schon einige Zeit kein Wasser bekam, so daß sie den Kopf hängen läßt; dazu ein Messer, um diese Blüte anzuschneiden.

Die Familien haben für jedes Taufkind vorbereitet: einen blauen Plakatkarton, in der Mitte eine Seerose mit dem Namen ihres Täuflings, evtl. Geburts- und Taufdatum auf den Blütenblättern; außerdem haben sie große grüne Seerosenblätter für Eltern, Paten und Kinder ausgeschnitten; diese werden bei den Fürbitten auf den Plakatkarton geklebt. —

Anstelle des blauen Plakates mit der Seerose kann auch ein gelbes für die Wüste genommen werden: darauf ist eine (Oase mit) Palme, an die Kokosnüsse geklebt werden.

ZUR TAUFFEIER

1. EINGANGSRITEN

Lied: Alle Knospen

Begrüßung

Vorstellung der Tauffamilien und Paten

Gebet

Gott, heute sollen NN, NN und NN getauft werden. Wir bitten dich: Schenke ihnen ein Leben voll Freude. So bitten wir durch Christus.

2. WORTGOTTESDIENST

(Kinder nach vorne einladen; Blumen zeigen)
Schaut Euch einmal die Blumen an ...
Was ist denn mit der einen Blume los...
Ohne Wasser kann die Blume nicht leben. Wir wollen die welke
Blume anschneiden und in die Vase mit Wasser setzen, dann geht
es ihr bald wieder besser.
Nicht nur die Blumen brauchen Wasser zum Leben...
Und nicht nur die Pflanzen brauchen Wasser ...
Auch die Tiere und die Menschen. Sonst verdursten sie.
Es gibt Gegenden, da regnet es fast nie, der Boden ist ganz gelb
und trocken... *(Wüsten)*
Manchmal sind dort Kamele und Menschen unterwegs...
Wenn die Karawane sich verirrt...
Wenn alles gut geht, kommt die Karawane nach einiger Zeit zu
einer Oase. Was ist eine Oase?
Warum stehen in einer Oase Palmen und viele Obstbäume?
Ich bin vor vielen Jahren einmal im Urlaub durch die Wüste gefah-
ren: Es war furchtbar heiß, wir waren naß geschwitzt. Am Abend
kamen wir zu einer Oase. Dort war ein Hotel. Wir wurden mit einem
Glas frischen Wasser begrüßt. Dann erfuhr ich: Hinter dem Haus
war ein kleines Schwimmbad. So bald wie möglich habe ich die
Badehose angezogen, geduscht, dann bin ich ins Wasser gesprun-
gen. Als ich wieder auftauchte, fühlte ich mich wie neugeboren.

Seitdem verstehe ich eine Geschichte der Bibel viel besser:
Im Land Israel gibt es eine große Wüste. (Ihr wißt: In der Wüste
kann man nicht leben.) Wo die Wüste aufhört, fließt ein Fluß, der
Jordan. (Am Fluß, am Wasser gibt es Leben.) Am Fluß lebte ein
Mann. Er hieß Johannes. Johannes sagte zu den Leuten: Beginnt ein
neues Leben! Viele Leute kamen zu Johannes. Er tauchte sie im Jordan kurz unter. Wenn sie wieder auftauchten, fühlten sie sich frisch,
wie neugeboren. Und sie begannen ein neues Leben. – Einmal kam
Jesus zum Fluß Jordan. Jesus stieg ins Wasser und Johannes tauchte
ihn unter. Als Jesus wieder auftauchte, rief Gott vom Himmel: Jesus,
du bist mein Kind. Ich habe dich gern. Alle sollen von dir lernen.
(nach Mt 3,1–17; Originaltext vgl. S. 91)

Alle sollen von Jesus lernen. Deshalb werden alle Freunde Jesu getauft. Wer getauft wird, wird heute nicht mehr untergetaucht ...
(Was geschieht, wenn heute ein Kind getauft wird?)
Warum gieße ich Wasser über das Köpfchen der Kinder? (Warum gießen wir Wasser auf die Blumen? Damit sie nicht die Köpfe hängen lassen, sondern leben.) Das wünschen wir auch den Taufkindern: Daß sie nicht die Köpfe hängen lassen, daß sie fröhlich leben und sich wie neugeboren fühlen – und daß sie wachsen wie die Palmen in einer Oase.

Liebe Eltern,
Sie haben zur Taufe Ihrer Kinder ein Bild vorbereitet.
– Es zeigt einen See mit einer Seerose. Diese Blume hat soviel Wasser, daß sie leben und blühen kann. So soll auch Ihr Kind leben und blühen. Sie wünschen ihm dazu alles, was es zum Leben braucht. Einige gute Wünsche werden die Paten sprechen; danach stecken alle ihre Wünsche wie Seerosenblätter zur Blüte.
– Es zeigt eine Oase. Ihr Kind soll wie ein Baum am Wasser gepflanzt sein und viele Früchte tragen. Einige gute Wünsche für das Wachstum der Kinder werden nun die Paten sprechen; danach können alle ihre Wünsche auf die Palme stecken.

Fürbitten

Guter Gott, wir bitten dich für NN, NN, NN und alle Kinder:
– laß NN, NN und NN zu fröhlichen Menschen heranwachsen...
– zeige uns gemeinsam den Weg zu dir...
– sag auch zu NN, NN und NN: Du bist mein Kind, das ich liebe...
– schenke ihnen Freude, wenn sie einsam oder traurig sind...
– schenke ihnen Hoffnung, wenn sie mutlos sind...
– vergib uns allen, wenn wir etwas falsch gemacht haben und neu beginnen wollen...
– ...

(Anheften der Wünsche, dazu)

Lied: Ins Wasser fällt ein Stein

3. FEIER DES SAKRAMENTS

Siehe: Die Feier der Kindertaufe

Zur Segnung des Wassers

Guter Gott, ohne Wasser verdursten Blumen, Tiere und wir Menschen. Ohne Wasser können wir nicht leben. Wir bitten dich: Segne dieses Wasser. Schenke NN, NN, NN und uns allen ein glückliches Leben durch Christus, unsern Bruder und Herrn.

TAUFE

danach:

Ihr, liebe Kinder, seid schon getauft worden, als Ihr noch klein wart. Zur Erinnerung an Eure Taufe legt Eure Finger in die Taufschale/das Taufbecken. Wir machen mit dem Taufwasser gemeinsam ein Kreuzzeichen und sprechen dazu gemeinsam: Im Namen des Vaters und des Sohnes und des Heiligen Geistes. Amen.

4. ABSCHLIESSENDE RITEN

Siehe: Die Feier der Kindertaufe

Zum Vaterunser

Bei der Taufe Jesu sagte Gott: Du bist mein Kind, ich hab dich gern. Durch die Taufe sind wir alle Kinder Gottes geworden. Er hat uns gern. Gemeinsam wollen wir zu ihm beten:
Vaterunser

Segensgebet und Segen

Lied: Danke

3 Am Brunnen des Lebens

Vorbemerkungen und Vorbereitungen

Auf einem Tisch stehen kleine Wasserflaschen mit Brunnenwasser und Gläser entsprechend der Zahl der Taufkinder; die Taufkanne ist leer.

ZUR TAUFFEIER

1. EINGANGSRITEN

Lied

Begrüßung

Vorstellung der Tauffamilien und Paten

Gebet

Guter Gott, du hast den Kindern und uns allen das Leben geschenkt. Wir danken dir für dieses Wunder und für alle Wunder des Lebens und bitten dich für diese Kinder, daß sie im Geist deines Sohnes Jesus Christus leben. Er lebt mit dir.

2. WORTGOTTESDIENST

Aus dem Evangelium nach Johannes
Unterwegs kam Jesus zum Brunnen, den Jakob gegraben hatte.
Jesus war müde vom Weg und setzte sich an den Brunnen. Es war
Mittag. Da kam eine Frau, um Wasser zu schöpfen. Jesus sagte zu
ihr: Gib mir zu trinken! – Dann sprach Jesus mit der Frau über ihr
Leben und ihren Kummer. Und er erzählte ihr von Gott. Zuletzt
sagte Jesus zur Frau: Wer von dem Wasser trinkt, das ich gebe,
wird nie mehr Durst haben. Das Wasser, das ich gebe, wird zu einer
sprudelnden Quelle; ihr Wasser schenkt ewiges Leben.
(aus Joh 4,6–14)

Gespräch mit größeren Kindern

Liebe Kinder,
vor vielen Jahren bin ich in der Heimat Jesu unterwegs gewesen.
Dort ist es oft sehr heiß. Damals hatte es 3 Jahre lang nicht gereg-
net. Könnt Ihr Euch vorstellen, wie es ist, wenn es so lange nicht
geregnet hat?
Ohne Wasser...
Die Leute haben tief in der Erde nach Wasser gegraben. An manchen
Stellen sind sie auf Wasser gestoßen. Ein tiefes Loch, wo unten Was-
ser ist, heißt...
Das Wasser aus der Erde ist wunderbar kühl und erfrischend.
So stelle ich mir auch die Geschichte mit Jesus vor. Er war einen
weiten Weg zu Fuß gegangen. Er hatte Durst und kam zu einem
Brunnen. Aber wenn man aus einem tiefen Brunnen trinken will...
Deshalb bittet er die Frau...
Das hat ganz sicher gut geschmeckt. Deshalb will Jesus der Frau
danken und ihr auch etwas schenken. Er hatte gemerkt, die Frau
war unzufrieden und traurig. Deshalb...
So wie ein Becher Wasser das Leben erfrischt, so kann auch ein
gutes Wort und Liebe uns guttun, sogar noch viel mehr.

Liebe Eltern,
Ihre Kinder brauchen immer beides: Wasser und Brot, Bett und
Kleidung für ihren Körper, aber auch ein gutes Wort und Trost,
wenn sie Kummer haben. Das können Sie zuerst den Kindern

geben, später kann auch die Botschaft Jesu, der Glauben dem Leben Ihrer Kinder Halt und Orientierung geben. Der Glaube kann zu einer Quelle der Freude und des Guten im Herzen Ihrer Kinder werden. Führen Sie Ihre Kinder deshalb zu Jesus, zum Glauben.

Liebe Kinder,
damit Ihr selbst schmeckt, wie erfrischend Wasser aus einem Brunnen ist, habe ich Brunnenwasser für Euch mitgebracht...
(Flaschen und Gläser, Wasser einschenken, die Kinder trinken und geben es weiter an ihre Familie)

dazu Lied: Wasser ist zum Trinken da *(für kleinere Kinder)* oder Ins Wasser fällt ein Stein

Wenn es heiß ist, tut es gut, Wasser zu trinken. Es erfrischt noch mehr, ins Wasser zu springen, zu schwimmen oder sich zu duschen. Da fühlt man sich wie neugeboren. Es geht uns erst recht gut, wenn jemand nett zu uns ist wie Jesus zur Frau am Brunnen oder wenn jemand uns sagt, daß er uns gern hat.
Das hat Jesus erfahren, als er ein anderes Mal durch die Wüste wanderte und zum Fluß Jordan kam. Dort hat sein Freund Johannes ihn getauft: Er hat ihn ganz untergetaucht und dann wieder auftauchen lassen. Da hörte Jesus Gottes Stimme: Du bist mein Sohn, ich hab dich gern. Das hat Jesus gutgetan. Er hat solch eine Taufe allen seinen Freunden und Freundinnen gewünscht. Dabei wurden die Menschen früher ganz in Wasser getaucht. Das nannte man tauchen oder taufen. Bei den kleinen Taufkindern NN, NN und NN wollen wir natürlich vorsichtig sein und ihnen nur ein wenig Wasser über den Kopf schütten.
Gießt dazu etwas Quellwasser in die Taufkanne!

dazu Lied: Alle Knospen

Alle hier haben die Kinder gern. Das wollen wir ihnen sagen und ihnen wünschen, daß sie glücklich leben.
Ihre Wünsche haben die Eltern (und Paten) auf ein Blatt einer Seerose geschrieben, auch Ihr könnt solche Wünsche aufschreiben. Wir kleben sie dann auf das Wasser: mitten drin ist eine Blume: das sind die Taufkinder.

Lieber NN und liebe NN: Gott schenke euch viel Freude im Leben...
Lieber NN und liebe NN: Gott schütze euch in Gefahren...
Lieber NN und liebe NN: Lebt in Frieden mit allen...
Lieber NN und liebe NN: Es soll immer jemand da sein, der euch liebt...
Lieber NN und liebe NN: Gebt auch in Schwierigkeiten die Hoffnung nicht auf...
Lieber NN und liebe NN: Ich wünsche euch gute Freunde in der Schule ...
Lieber NN und liebe NN: ...

Nun soll das Wasser gesegnet werden.
Guter Gott, ohne Wasser verdursten Blumen, Tiere und wir Menschen. Ohne Wasser können wir nicht leben. Wir bitten dich: Segne dieses Wasser. Schenke NN, NN und uns allen ein glückliches Leben durch Christus, unsern Bruder und Herrn.

3. FEIER DES SAKRAMENTS

Siehe: Die Feier der Kindertaufe

TAUFE

danach:

Ihr, liebe Kinder, seid schon getauft worden, als Ihr noch klein wart. Zur Erinnerung an Eure Taufe legt Eure Finger in die Taufschale / das Taufbecken. Wir machen mit dem Taufwasser gemeinsam ein Kreuzzeichen und sprechen dazu gemeinsam: Im Namen des Vaters und des Sohnes und des Heiligen Geistes. Amen.

4. ABSCHLIESSENDE RITEN

Siehe: Die Feier der Kindertaufe

Zum Vaterunser

Bei der Taufe Jesu sagte Gott: Du bist mein Kind, ich hab dich gern. Durch die Taufe sind wir alle Kinder Gottes geworden. Er hat uns gern. Gemeinsam wollen wir zu ihm beten:

Vaterunser

Segensgebet und Segen

Lied: Danke

4 Wascht euch!

Vorbemerkungen und Vorbereitungen

Immmer öfter werden in den Gemeinden Kinder im Kindergartenalter oder vor der Erstkommunion getauft. Sie sollten unbedingt in die Tauffeier aktiv einbezogen werden. Im folgenden wird ein Beispiel für ein Kommunionkind angeboten; die Kommuniongruppe war dabei. Natürlich kann diese Feier mit kleinen Veränderungen auch bei Säuglingstaufen genommen werden, wenn ältere Geschwister und andere Kinder teilnehmen.

Die Taufe beginnt vorne in der Kirche, nachher gehen alle zum Taufstein in der Kirche; am Taufstein steht das Taufgeschirr, mehrere Handtücher liegen bereit.

Text, etwa für die Rückseite des Taufheftes

Wascht euch!
Wascht euch den Schlaf aus den Augen!
Wascht euch den Schmutz aus den Augen!
Wascht euch die Blindheit aus den Augen,
denn Blindheit kann man aus den Augen waschen.
Wascht euch von Kopf bis Fuß!
Laßt euch den Kopf waschen und spült den Mund gut um,
daß keine faulen Wortreste in der Mundhöhle zurückbleiben.
Wascht euch die Hände,
wenn ihr ein schmutziges Geschäft gemacht habt,
wascht euch die Füße, wenn ihr zu weit gegangen seid,
wascht euch bis ins Herz.
Wenn ihr nicht wiedergeboren werdet aus dem Wasser,

wenn euer Herz nicht wiedergeboren wird
aus Wasser und neuem Geist,
könnt ihr nicht leben.
(W. Willms)

ZUR TAUFFEIER

1. EINGANGSRITEN

Lied: Wir feiern heut ein Fest

Begrüßung

Besonders begrüße ich jetzt NN. Du hast heute ein großes Fest. Die Taufe beginnt mit einem Kreuzzeichen. Das wollen wir nun alle gemeinsam machen.

Gebet

Gott, heute soll NN getauft werden. Wir bitten dich: schenke ihm/ ihr ein Leben voll Freude. So bitten wir durch Christus.

2. WORTGOTTESDIENST

Gespräch

Vor einiger Zeit gab es in unserer Stadt / in ... eine große Überschwemmung. Ihr habt es selbst erlebt / vielleicht im Fernsehen gesehen. Dunkles, schmutziges Wasser stand über den Straßen. Nach ein paar Tagen ist das Wasser abgeflossen. Wißt Ihr noch, wie es auf den Straßen aussah? Und in den Häusern und Kellern?
Deshalb haben die Leute...
Nachbarn hatten Sessel im Keller, die waren ganz feucht und sie stanken... (die haben die Leute zum Sperrmüll gestellt)
Die weißen Gartenstühle aus Plastik waren verschmiert... (sie wurden abgespritzt)

Die Wäsche im Keller war auch ganz schmutzig; was geschah damit?
Gläser und Geschirr... (wurden gespült)
Dann kamen die Fußböden der Zimmer und die Treppen dran... (sie wurden geputzt, von oben herab)
Als das ganze Haus sauber war, mußten die Leute sich selbst säubern... (sie haben sich unter die Dusche gestellt)
Seltsam: Das Wasser kann schmutzig machen, aber es kann auch reinigen, woran liegt das?
Nicht nur das Wasser kann schmutzig machen...
Noch ganz andere Dinge können uns schmutzig, unrein machen.
Dazu lese ich euch eine Geschichte von Jesus vor:

Aus dem Evangelium nach Markus
Einmal kamen fromme Leute aus der Stadt zu Jesus. Sie sahen, wie Jesu Freunde mit ungewaschenen Händen aßen. Die meisten Leute damals aßen nur, wenn sie sich die Hände gewaschen hatten. Sie wuschen sich auch, wenn sie vom Markt kamen und spülten Krüge und Becher sorgfältig. Deshalb sagten sie zu Jesus: Deine Jünger tun nicht, was die Eltern ihnen gesagt haben; sie essen ja mit unreinen Händen! Jesus antwortete ihnen: Ihr seid Heuchler. Viel schmutziger macht die Menschen, was aus ihrem Mund und Herzen herauskommt. Denn von innen kommen böse Gedanken und Worte, Diebstahl, Neid, Überheblichkeit, Haß, Gewalt und viele andere schlimme Taten. Dieses Böse kommt von innen und macht die Menschen unrein.
(aus Mk 7,1–23)

Was meint Jesus, daß die Menschen schmutzig macht?
Wenn jemand einen anderen geschlagen hat, wie kann dieser Schmutz denn abgewaschen werden?
Oder wenn er jemand etwas weggenommen hat?
Vor 2000 Jahren lebte ein Mann, er hieß Johannes. Er sagte den Leuten: Wer Böses getan hat, soll ein neues Leben anfangen. Viele Leute kamen zu Johannes. Er tauchte sie im Fluß Jordan kurz unter. Wenn sie wieder auftauchten, dann fühlten sie sich wie neugeboren. Und sie wollten nichts Böses mehr tun. – Einmal kam Jesus zum Jordan. Johannes sagte zu ihm: Du hast nichts Böses getan, dich brauche ich nicht zu taufen. Aber Jesus wollte trotzdem

getauft werden. Er stieg ins Wasser und Johannes tauchte ihn unter. Als Jesus wieder auftauchte, rief Gott vom Himmel: Du bist mein Kind. Ich habe dich gern. Alle sollen von dir lernen.

Alle sollen von Jesus lernen. Deshalb werden Jesu Freunde getauft. Weil auch NN Jesu Freund/Freundin ist, will er/sie heute getauft werden.
Heute wird man bei der Taufe nicht mehr untergetaucht, aber...
Wir wollen dorthin gehen, wo NN getauft wird!

Lied: Lobet den Herren, lobt ihn allezeit

(Mit Hinweis auf das Taufbecken):
Wie heißt das?
Wozu ist ein Becken mit Wasser gut?
Wenn Ihr draußen gespielt und Euch schmutzig gemacht habt und wenn Ihr Euch waschen wollt, dann taucht Ihr die Hände ins Wasser. Das könnt Ihr jetzt einmal tun. Zu Hause tauchen wir manchmal auch den Kopf ins Wasser und waschen das Gesicht. Ich werde NN gleich ein wenig Wasser über die Stirn gießen: Dann ist er/sie getauft und gehört zu Jesu Freunden.

3. FEIER DES SAKRAMENTS

Siehe: Die Feier der Kindertaufe

Taufbekenntnis mit Gedanken des Gesprächs

Wer getauft wird, will nichts Böses tun. Denn es gibt auch heute noch Böses auf der Welt: Gewalt, Neid, Ungerechtigkeit.
Widersagt Ihr dem Bösen?

Gott hat Luft, Wasser und Erde und alles Leben geschaffen. Glaubt Ihr an Gott?
Jesus wurde im Jordan getauft, er hat den Menschen eine frohe Botschaft und seine Liebe geschenkt. Glaubt Ihr an Jesus?

Wer getauft wird und ein neues Leben beginnen will, gehört zur Gemeinschaft der Kirche. Die Sünden werden vergeben. Glaubt Ihr an ein Leben im Geiste Jesu – hier schon und bei Gott?

NN, ich frage dich noch einmal ausdrücklich: Willst du getauft werden?

Ich frage auch die Eltern, ob sie einverstanden sind.
Dazu sprechen sie einen Text von Wilhelm Willms.

Wir möchten nicht, daß NN mit allen Wassern gewaschen wird.
Wir möchten, daß er/sie mit dem Wasser der Gerechtigkeit,
der Liebe und des Friedens gewaschen wird.
Wir möchten, daß NN mit dem Wasser christlichen Geistes
gewaschen, übergossen, beeinflußt, getauft wird.
Wir möchten selbst das klare, lebendige Wasser
für NN werden und sein,
jeden Tag.
Wir möchten, daß auch die Paten
klares, kostbares, lebendiges Wasser für NN werden.
Wir hoffen und glauben,
daß auch unsere Gemeinde, in der wir leben,
daß die Kirche, zu der wir gehören,
für NN das klare, kostbare, lebendige
Wasser der Gerechtigkeit, der Barmherzigkeit,
der Liebe und des Friedens wird und ist.
Wir möchten und hoffen, daß NN
zu den Quellen des Evangeliums findet.
Wir möchten nicht, daß NN mit allen Wassern gewaschen wird.
In dieser Hoffnung begleiten wir NN zur Taufe,
um es der Gemeinde zu sagen,
was wir NN geben wollen
und was wir für ihn/sie erwarten und erbitten.
(nach W. Willms)

TAUFE

danach:

Zur Erinnerung an die Taufe werden in der Osternacht alle Christen mit Wasser besprengt. Das soll für Euch heute geschehen.

4. ABSCHLIESSENDE RITEN

Siehe: Die Feier der Kindertaufe

NN, deine Eltern/Paten schenken Dir heute eine Kerze. Sie wird an der Osterkerze angesteckt. Die Osterkerze erinnert uns an Jesus. Laß Dich – wie die Taufkerze – anstecken von Jesu Freude und Liebe.

Als Jesus getauft worden war, hat Gott zu ihm gesagt: Du bist mein Kind, ich habe dich gern. Das sagt Gott auch zu Dir: Er hat dich gern, Du bist sein Kind, er ist dein Vater, unser Vater. Gemeinsam wollen wir alle nun zu unserm Vater beten:

Vater unser

Schlußgebet und Segen

Lied: Laudato si

5 Wiedergeboren aus Wasser und Geist

1. EINGANGSRITEN

Lied: Unser Leben sei ein Fest

Vorstellung der Tauffamilien und Paten

Gebet

Gott, wir staunen, wie sich im kleinen Kind deine Schöpfung zeigt, wie es langsam wächst, schauen, hören, gehen lernt. Da wird etwas von deiner Lebenskraft sichtbar. Wir freuen uns, daß es das Geschenk des kleinen Kindes immer wieder gibt. Mit der Taufe sagen wir: Alles ist Gnade, alles ist Geschenk, diese Kinder sind unsere Freude. Als Jesus getauft wurde, da heißt es, ging der Himmel auf und eine Stimme war zu hören: Dies ist mein geliebter Sohn. Darum bitten wir dich bei der Taufe dieser Kinder: Sag auch zu diesen Kindern: Du bist mein Sohn, meine Tochter, die ich liebe.

2. WORTGOTTESDIENST

Aus dem Evangelium nach Johannes
Ein Ratsherr mit Namen Nikodemus kam bei Nacht zu Jesus und fragte ihn: Meister, du bist als Lehrer von Gott gekommen, denn niemand kann die Zeichen wirken, die du wirkst. Jesus antwortete

116

ihm: Wahrhaftig, ich sage dir: Wer nicht von oben neugeboren wird, kann das Reich Gottes nicht schauen. Nikodemus sagte zu ihm: Wie kann ein Mensch neu geboren werden, wenn er schon alt ist? Er kann doch nicht zum zweiten Mal in den Schoß der Mutter eingehen und geboren werden! Jesus antwortete ihm: Wahrhaftig ich sage dir: Wer nicht wiedergeboren wird aus Wasser und Geist, kann in das Reich Gottes nicht eingehen.

(Joh 3,1–5)

Liebe Tauffamilien,
alles Leben kommt aus dem Wasser.
So hat das Leben auf dieser Erde wahrscheinlich begonnen, daß im Wasser lebende Zellen entstanden, erst Einzeller, dann andere Lebewesen: Einige sind im Laufe der Jahrmillionen an Land gestiegen und haben sich dort weiterentwickelt. Aber alle Lebewesen bestehen bis heute zum größten Teil aus Wasser.

Alles Leben kommt aus dem Wasser und bleibt auf gutes Wasser angewiesen, denn Pflanzen vertrocknen, Tiere und Menschen verdursten ohne Wasser, und schlechtes Wasser macht sie krank. Wer einmal in der Wüste war und zu einer Oase kam, weiß aus eigner Erfahrung, was Wasser bedeutet, nämlich Erfrischung, Fruchtbarkeit, Nahrung, Leben in Fülle.

Alles Leben kommt aus dem Wasser: Jeder Mensch, auch die Kinder, die wir heute taufen, haben die ersten Monate ihres Lebens im Wasser, im Fruchtwasser verbracht: Das Wasser hat sie getragen und gegen Stöße geschützt, das Wasser hat sie ernährt. Als die Kinder aus dem Fruchtwasser geboren worden waren, wurden sie gewaschen, später wurden sie gebadet, um sie zu reinigen und gesund zu erhalten. Jetzt trinken sie schon Tee – aus Wasser. Ohne Wasser hätte das Leben der Kinder keine Zukunft.

Heute werden die Kinder mit Wasser getauft und dies soll nach den Worten des Johannesevangeliums eine zweite Geburt, ein neuer Lebensanfang sein. Wir verstehen das besser, wenn wir uns an Jesu Taufe im Jordan erinnern. Damals fühlten sich viele Juden durch Versagen und Schuld innerlich beschmutzt, belastet; sie kamen durch die Wüste zu Johannes, stiegen schmutzig-verschwitzt ins Wasser des Flusses und wurden untergetaucht: Sie waren nicht mehr zu sehen, verschwunden, bildlich wie im Wasser begraben.

Nach kurzer Zeit tauchten sie wieder auf: erfrischt, wie neugeboren, ein neues Leben sollte beginnen. Ich stelle mir vor: Hilfreiche Hände streckten sich den Getauften entgegen, trockneten sie, reichten ihnen neue Kleidung und nahmen sie in ihre Gemeinschaft auf, in die Gemeinschaft derer, die mit der Taufe ein neues, besseres, gottverbundenes Leben begonnen hatten. Dieser Sinn der Taufe wird deutlich, als Jesus aus dem Wasser stieg und Gott – auf unvorstellbare Weise – erklärt: Das ist mein lieber Sohn, der mir gefällt. Ihn sollt ihr hören.

Darum geht es also bei der Taufe auch heute: Was uns Menschen belastet, soll untergehen, aus dem Wasser soll ein neues Leben nach dem Willen Gottes, als Kinder Gottes beginnen.
Neues Leben aus dem Wasser: Sie, die Familien, sind das Wasser, von dem Ihre Kinder leben. Zum Zeichen dafür bereiten Sie das Taufwasser, es soll wie das Fruchtwasser Wasser des Lebens sein. Ihre Kinder sollen genährt werden vom Wasser des Vertrauens, das Sie Ihnen schenken, vom Wasser der Liebe und der Freude; von solchem Wasser genährt sollen sie zu aufrechten Menschen heranwachsen – wie die fruchtbaren Palmen und Obstbäume einer Oase. Unser Vorbild eines solch gelungenen Lebens ist Jesus, mit dessen Geist die Kinder getauft werden, in dessen Geist sie leben sollen.

Bereitung des Taufwassers

Die Eltern und Paten schütten jeweils ein kleines Glas Wasser in die Taufkanne und sagen dazu z. B.

— das Wasser der Liebe
— das Wasser des Lebens
— das Wasser der Vergebung
— das Wasser der Freude
— das Wasser des Vertrauens
— das Wasser der Geborgenheit
— ...

Segnung des Taufwassers

Gott, alles Leben kommt aus dem Wasser und braucht Wasser. Wir bitten dich: Segne dieses Wasser, erfülle es mit deinem Geist und laß es zum Zeichen des neuen Lebens werden, das du Kindern und uns allen immer wieder schenken willst durch Christus, deinen lieben Sohn, unsern Bruder und Herrn, der mit dir lebt.

3. FEIER DES SAKRAMENTS

Siehe: Die Feier der Kindertaufe

Taufwunsch

Wir möchten nicht, daß unsere Kinder
mit allen Wassern gewaschen werden.
Wir möchten, daß sie mit dem Wasser der Gerechtigkeit,
mit dem Wasser der Barmherzigkeit,
mit dem Wasser der Liebe und des Friedens
reingewaschen werden.
Wir möchten, daß unsere Kinder
mit dem Wasser christlichen Geistes
gewaschen, übergossen, beeinflußt, getauft werden.
Wir möchten selbst das klare, lebendige Wasser
für unsere Kinder werden und sein,
jeden Tag.
Wir möchten, daß auch die Paten
klares, kostbares, lebendiges Wasser
für unsere Kinder werden.
Wir hoffen und glauben,
daß auch unsere Gemeinde, in der wir leben,
und daß die Kirche, zu der wir gehören,
für unsere Kinder das klare, kostbare, lebendige
Wasser der Gerechtigkeit, der Barmherzigkeit, der Liebe und des Friedens ist.
Wir möchten und hoffen, daß unsere Kinder
zu den Quellen des Evangeliums finden.

Wir möchten nicht, daß unsere Kinder
mit allen Wassern gewaschen werden.
In dieser Hoffnung bringen wir unsere Kinder zur Taufe,
um es der Gemeinde zu sagen,
was wir unsern Kindern geben wollen
und was wir erwarten und erbitten für unsere Kinder.
(nach W. Willms)

nach der Taufe Lied: Der Himmel geht über allen auf

4. ABSCHLIESSENDE RITEN

Siehe: Die Feier der Kindertaufe

zur Handauflegung:

Nach der Taufe Jesu sagte eine Stimme: Das ist mein Sohn, den ich
liebe. Auch zu NN sagt Gott: Du bist mein Kind, das ich liebe.
Durch die Taufe sind wir alle Kinder Gottes und Geschwister Jesu
und untereinander. In diesem Geist wollen wir gemeinsam beten:

Vater unser

Segensgebet und Segen

Schlußlied: Erfreue dich, Himmel

6 Wie ein Fisch im Wasser

Vorbemerkungen und Vorbereitungen

Bei einer Taufe mit dem Symbol Fisch können unterschiedliche Akzente gesetzt werden. Eine Möglichkeit bietet die Geschichte „Swimmy" von L. Lionni: Der Fisch ist Symbol der Täuflinge. Sie werden durch ausgeschnittene Fische mit dem Namen darauf dargestellt; sie werden in den Fischschwarm der anderen Christen aufgenommen, der sie schützt und begleitet. Auf einem Bild für jeden Täufling bilden viele Fische der Familien und der Gemeinde einen großen Fisch: das Auge ist Christus. Die teilnehmenden Kinder gestalten während der Predigt einen Fisch, schreiben ihren Namen darauf und kleben ihn nach den Fürbitten auf; die Fische der Täuflinge werden nach der Taufe aufgeklebt.

Das folgende Beispiel hat den Gedanken: Alle Menschen brauchen zum Leben einen gesunden Lebensraum, Kinder ganz besonders. Das zeigt ein Aquarium mit Fischen. Das Wasser ist der Lebensraum der Fische, aber es muß gesundes Wasser sein. — Wenn zusätzlich zum Gespräch mit den Kindern eine Predigt gehalten wird, können die Kinder in dieser Zeit in einem Nebenraum die Geschichte von Swimmy hören oder Papierfische mit ihren Namen ausschneiden, die sie zu den Fürbitten auf blauen Plakatkarton kleben.

ZUR TAUFFEIER

1. EINGANGSRITEN

Lied: Lobet den Herren

Begrüßung

Vorstellung der Tauffamilien und Paten

Gebet

Gott, ohne dich sind wir wie ein Fisch auf dem Trockenen,
wie ein Tropfen in der Glut,
wie Gras im Sand.
Wenn du uns beim Namen rufst,
sind wir Wasser,
Feuer, Erde, Luft.
Ruf uns zu dir und schenk uns dein Leben durch Christus.
(nach J. Klepper)

2. WORTGOTTESDIENST

Gespräch

(Kinder werden nach vorne gebeten.)
Ein Vater hat ein Aquarium mitgebracht. Was seht Ihr darin?
Wir wollen überlegen, was die Fische zum Leben brauchen...
(Wasser, Sauerstoff, Pflanzen, Nahrung, u.U. Wärme)
Wenn ich in das Aquarium Spülmittel oder Benzin schütte...
Die Fische brauchen gesundes Wasser, eine gesunde Umwelt.
Das alles ist nicht nur bei den Fischen so, sondern auch bei uns
Menschen.
Die Fische brauchen Wasser – und wir...
Die Fische brauchen Sauerstoff – und wir...
Die Fische brauchen Nahrung – ...
Die Fische brauchen Schutz zwischen Pflanzen...
Manche Fische brauchen Wärme...
Das Aquarium, die Welt der Fische kann vergiftet werden, manch-
mal ist auch die Umwelt der Menschen vergiftet... *(wodurch?)*
Nicht nur Abgase oder Müll belasten das Leben der Menschen.
Kinder fühlen sich auch nicht wohl, wenn sie Angst haben, wenn
die Eltern streiten, wenn Krieg ist. Vielleicht fällt Euch noch mehr
ein...
Wir wünschen, daß die Taufkinder sich wohlfühlen wie ein Fisch
im klaren Wasser. Alle wollen sich darum bemühen – Eltern und
Großeltern, Geschwister und auch unsere Gemeinde. Wenn wir auf
Jesu Botschaft hören, dann gelingt es uns leichter.

Aus dem Evangelium nach Matthäus

Jesus sagte zu seinen Jüngern: Geht in die ganze Welt und macht alle Menschen zu meinen Jüngern und tauft sie auf den Namen des Vaters und des Sohnes und des Heiligen Geistes und lehrt sie alles, was ich euch gesagt habe. Ich bin bei euch – alle Tage bis ans Ende der Zeit.

(Mt 28,18–20)

(Kinder gehen zu den Plätzen oder in einen Nebenraum, wo sie die Geschichte von Swimmy hören oder Fische ausschneiden und ihre Namen darauf schreiben; zu den Fürbitten kommen sie wieder.)

Predigt

Liebe Eltern und Freunde der Kinder,
alles Leben braucht einen Lebensraum. Das Wasser ist Lebensraum für die Fische, Krebse, Wasservögel und Wale: Sie reagieren empfindlich, wenn das Wasser verschmutzt und vergiftet ist, sie werden krank und verenden.

Wie die Fische klares Wasser brauchen, so brauchen wir Menschen einen Lebensraum, der nicht verschmutzt und vergiftet ist. Der erste Lebensraum ist die Familie. Dort nimmt das Kind auf, was es zum Leben braucht. Bald aber weitet sich der Lebensraum durch Bekannte, durch Kindergarten und Schule, durch Fernsehen und Gesellschaft. Wir alle wissen: In diesem Lebensraum wirken mancherlei Schadstoffe oder Gifte. Damit meine ich nicht nur die Umweltbelastung, sondern auch z.B. Vorurteile, Streit, Gewalt und Egoismus: Sie machen uns allen das Leben schwer, Kindern aber besonders. Wie können sie geschützt werden?

Die Taufe zeigt einen Weg: Vor der Taufe versprechen Eltern und Paten, allem Bösen, der Ungerechtigkeit und Gewalt nach Kräften zu widerstehen. Sie wollen ihr Kind mitnehmen in die Gemeinschaft der Christen, d.h. gleichsam in einen Fischschwarm, der Schutz und Begleitung gibt. Und so wie Lachse sich auf den Weg zur Quelle machen, so sind wir Menschen auf dem Weg zu unserem Ursprung und Schöpfer. Alleine würden wir den Weg vielleicht nie finden oder unterwegs umkommen. Die Kirche aber – so wie ich sie verstehe – bietet ihre Gemeinschaft an, ihre Erfahrungen und ihren Schutz. Sie soll nicht die Luft nehmen, nicht einengen oder die Freude verderben, sondern quirliges, vielfältiges Leben ermöglichen.

Ich finde diesen Gedanken sehr treffend ausgedrückt in einem Text von Wilhelm Willms, den die Mütter / Väter nun (oder unmittelbar vor der Taufe) in Abschnitten vorlesen:

wir möchten nicht
daß unser kind mit allen wassern gewaschen wird
wir möchten
daß es mit dem wasser der gerechtigkeit
mit dem wasser der barmherzigkeit
mit dem wasser der liebe und des friedens
reingewaschen wird

wir möchten
daß unser kind
mit dem wasser des christlichen geistes
gewaschen
übergossen
beeinflußt
getauft wird

wir möchten selbst das klare lebendige wasser
für unser kind werden und sein
jeden tag
wir möchten auch daß seine paten
klares kostbares lebendiges wasser
für unser kind werden.

wir hoffen und glauben
daß auch unsere gemeinde in der wir leben
und daß die kirche zu der wir gehören
für unser kind das klare kostbare
lebendige wasser
der gerechtigkeit
der barmherzigkeit
der liebe und des friedens ist

wir möchten
und hoffen

daß unser kind
das klima des evangeliums findet
wir möchten nicht
daß unser kind mit allen wassern
gewaschen wird

deshalb
in diesem bewußtsein
in dieser hoffnung
in diesem glauben
tragen wir unser kind
zur kirche
um es der kirche
der gemeinde zu sagen
was wir erwarten
für unser kind
was wir hoffen
für unser kind

wir erwarten viel
wir hoffen viel
(W. Willms)

Lied: Ins Wasser fällt ein Stein

Fürbitten

(auf Fische geschrieben und von den Paten vorgetragen, z. B.)
Gott, du hast alles Leben wunderbar geschaffen. Wir bitten dich für
die Kinder, die heute getauft werden:
- schütze die Kinder durch gute Menschen, die sie in ihre Mitte
  nehmen und begleiten...
- segne die Familien, in denen sie aufwachsen, so daß sie vom
  Geist der Liebe bestimmt sind...
- erneuere unsere Gemeinde und Gesellschaft, so daß sie kinder-
  freundlicher werden...
- erhalte für die Kinder und uns alle eine gesunde Umwelt...

*Wenn ein blauer Plakatkarton und Fische vorgesehen sind, können
sie nun aufgeklebt werden.*

3. FEIER DES SAKRAMENTS

Siehe: Die Feier der Kindertaufe

Taufbekenntnis mit Gedanken der Predigt

- Widersagt Ihr dem Bösen?
- Und allen Gedanken und Worten, Bildern und Taten, die das Leben der Kinder vergiften?
- Und allem, was das vielfältige Leben auf dieser Erde zerstört?

- Glaubt Ihr an Gott, den Ursprung allen Lebens?
- Glaubt Ihr an Jesus Christus, der in unserer Mitte lebt und uns den Weg zum Vater im Himmel vorausging?
- Glaubt Ihr an den Heiligen Geist, die schützende und vergebende Gemeinschaft der Kirche und ein Leben in Gottes neuer Welt?

Apostolisches Glaubensbekenntnis

4. ABSCHLIESSENDE RITEN

Siehe: Die Feier der Kindertaufe

VARIATIONSMÖGLICHKEIT

Eine andere Möglichkeit legt das Evangelium vom reichen Fischfang nahe: Die Täuflinge werden durch Jesus und seine Jünger „gefischt" und in einen Fischteich/ein Meer mit gutem Wasser gesetzt.

Dazu paßt als Evangelium:
Einmal stand Jesus am See Genesareth. Die Leute drängten sich um ihn und wollten Gottes Wort hören. Da sah er zwei Boote am Ufer. Die Fischer waren ausgestiegen und wuschen ihre Netze. So stieg er in das eine Boot, das dem Simon gehörte, und bat ihn, etwas vom Land abzustoßen. Er setzte sich und sprach vom Boot aus zu

den Leuten. – Nachdem er gesprochen hatte, sagte er zu Simon: „Fahre hinaus auf den See, dort werft eure Netze zum Fang aus." Simon erwiderte: „Herr, wir haben uns die ganze Nacht abgemüht und trotzdem nichts gefangen. Aber wenn du es sagst, will ich die Netze noch einmal auswerfen." Sie taten es und fingen so viele Fische, daß die Netze fast zerrissen. Sie winkten den Fischern im anderen Boot, daß sie ihnen zur Hilfe kamen. Beide Boote waren schließlich so beladen, daß sie fast untergingen. Als Simon Petrus das sah, fiel er vor Jesus auf die Knie und sagte: „Herr, geh weg von mir! Ich bin ein sündiger Mensch." Denn er und alle anderen Fischer waren über den gewaltigen Fang sehr erschrocken, ebenso Jakobus und Johannes, die mit Simon zusammenarbeiteten. – Jesus sagte zu Simon: „Hab keine Angst! In Zukunft sollst du Menschenfischer sein." Da zogen sie die Boote an Land, verließen alles und gingen mit Jesus.

(Lk 5,1–11)

Fünfter Teil
Vieles kann zum Zeichen werden

1 Das Ei als Lebenssymbol

Vorbereitung

Zu dieser Tauffeier sind ein Hühnerei und ein Ei aus Stein (z. B. Onyx) mitzubringen.

ZUR TAUFFEIER

1. EINGANGSRITEN

Lied

Begrüßung

Vorstellung der Tauffamilien und Paten

Gebet

Gott, wenn ein Kind auf die Welt kommt: das ist ein Wunder. Laß uns das Staunen nicht verlernen und schenke uns Ehrfurcht vor den Wundern des Lebens. So bitten wir durch Christus.

2. WORTGOTTESDIENST

Lesung aus dem Buch der Schöpfung
Gott sprach: Wir wollen Menschen machen als unser Abbild, uns ähnlich. Sie sollen herrschen über die Fische des Meeres, über die

Vögel des Himmels, über das Vieh, über die ganze Erde und über alle kriechenden Tiere. So schuf Gott den Menschen nach seinem Bild. Als Abbild Gottes schuf er ihn. Als Mann und Frau schuf er sie. Gott segnete sie und sprach: Seid fruchtbar und vermehrt euch, bevölkert die Erde und nutzet sie! Alle Bäume und Pflanzen sollen euch zur Nahrung dienen. So geschah es. Gott sah alles, was er gemacht hatte: Es war sehr gut.

(aus Gen 1,26–31)

Gespräch

(Die Kinder werden nach vorne gebeten)
Schaut Euch die beiden Eier an... (Wodurch unterscheiden sie sich?)
Das Hühnerei ist zwar ganz billig, aber ich finde es ist kostbar, denn darin steckt mehr als im kostbarsten Ei aus Stein. Wir wollen es uns genauer anschauen...
Wozu ist die Schale da?
Und innen drin...
Daraus kann etwas wachsen... Wie denn?
Wie kommt das Leben in das Ei?
Irgendwie macht das Huhn das, aber ich weiß nicht, wie; viele andere Menschen verstehen es auch nicht. Sie haben das Leben nicht hineingepackt, niemand kann das. Kein Mensch kann ein Ei oder einen Samen oder ein lebendes Tier oder eine Pflanze bauen. Leben schaffen – das kann nur ein Größerer...
Alles Leben kommt von Gott, das haben wir eben aus der Bibel gehört; alles Leben kommt von Gott – auch das Leben der Kinder NN und NN und Euer Leben.
Gerade am Anfang soll das Leben geschützt werden. Wer kann das Leben schützen? *(Eltern, Paten, wir)*
Wir bitten nachher auch um Gottes Schutz.
Damit das Leben eines Kindes wachsen kann, braucht es... (denkt einmal an das Ei...)
Welche Wärme braucht ein Kind? *(Kleidung, die Liebe der Menschen)*
Zum Leben brauchen wir etwas zum Essen...
und zum Trinken...
Ohne Wasser gibt es kein Leben. Wenn die Blumen kein Wasser bekommen...

Wenn die Tiere in der Wüste nichts zu trinken haben...
Auch wir Menschen verdursten ohne Wasser.
Wir gießen nachher ein wenig Wasser über die Köpfe der Kinder;
dabei wünschen wir, daß die Kinder lange und glücklich leben.

Predigt

Liebe Eltern und Großeltern, Paten und Gäste,
Sie haben als Taufsymbol das Ei gewählt. Anfangs war ich ein wenig
überrascht, aber im Gespräch ist mir Einiges deutlich geworden.

Was ist ein Ei? Ich kann keine wissenschaftliche Erklärung geben.
Wenn wir einfach ein Hühnerei anschauen, sehen wir zunächst
eine schützende Schale. Wir wissen: Darin sind das Eiweiß oder Ei-
klar und der Dotter als Nahrung und der Lebenskeim mit den An-
teilen beider Eltern. Aus einem Ei kann nur dann ein neues Leben
schlüpfen, wenn es Wärme bekommt: Wärme durch die Daunen
der brütenden Glucke oder — bei anderen Tieren — durch die
Wärme der Sonne, den warmen Sand. Eines Tages wird die Schale
von innen aufgepickt, das Kücken schlüpft und kann sofort laufen,
Nahrung picken und Wasser trinken. Das Kücken wächst schnell
und ist nach einigen Wochen oder Monaten ausgewachsen. —
Auch das Leben Ihrer Kinder hat mit einem kleinen Lebenskeim begonnen: Er hat Anteile von Vater und Mutter. In den Monaten der
Schwangerschaft haben Sie, die Mütter, den Kindern Nahrung und
Schutz gegeben und die Wärme, um sich zu entwickeln. Diese Entwicklung ist bei der Geburt der Kinder nicht abgeschlossen. Ihre
Kinder sind noch lange darauf angewiesen, daß Sie ihnen von
Ihrem Leben alles Lebensnotwendige geben: etwas zum Essen und
zum Trinken, Ihren Schutz und Ihre Wärme. Das gilt im wörtlichen
Sinn: Die Kinder bekommen Milch und ein warmes Bettchen. Das
gilt ebenso für Lebensnotwendiges im übertragenen Sinn: Sie geben
den Kindern Wärme im übertragenen Sinn, nämlich Ihre Liebe; Sie
geben den Kindern z.B. Ihre Sprache — durch Sie lernen die Kinder sprechen. Die Kinder werden meist auch nur zum Glauben finden, wenn Sie, die Eltern, von Ihrem Glauben mitgeben, von Ihrem
Glauben erzählen. So können die Kinder zu fröhlichen und gesunden Menschen heranwachsen.

Liebe Eltern, Sie wissen um Ihre Verantwortung für Ihre Kinder, aber das braucht Sie nicht zu bedrücken, denn es ist schön, einem Kind zum Leben zu helfen. Und Sie sind bei dieser Aufgabe nicht allein. Paten und Verwandte werden Sie gewiß gerne unterstützen, soweit alle Beteiligten es wünschen. Durch die Taufe werden Ihre Kinder Mitglieder unserer Gemeinde und ein wenig versuchen auch wir, jungen Eltern behilflich zu sein durch... (Krabbelgruppen, Kindergarten, besondere Gottesdienste)

Gemeinsam wollen wir nun den um seinen Schutz bitten, der der Ursprung allen Lebens ist, daß er uns allen und den Kindern besonders seine Liebe schenke und alles, was sie sonst zu einem guten Leben brauchen.

Fürbitten

Guter Gott, alles Leben kommt von dir. Wir bitten dich:
— Hilf uns, das Leben von NN und NN zu schützen...
— Bewahre die Kinder vor Schaden und Verletzungen, die ihr Leben zerbrechen könnten...
— Hilf uns, den Kindern alles zu geben, was sie zu einer glücklichen Kindheit brauchen...
— Öffne unsere Augen und Herzen, daß wir staunen vor den Wundern des Lebens...
— ...
Gott, all deine Werke preisen dich. Wir stimmen ein in ihr Lob durch Christus.

3. FEIER DES SAKRAMENTS

Siehe: Die Feier der Kindertaufe

Taufbekenntnis passend zum Thema

— Widersagt Ihr dem Bösen?
— Widersagt Ihr allen Anfängen des Bösen in Gedanken und Worten?
— Widersagt Ihr allen bösen Taten, aller Gewalt und Zerstörung?

- Glaubt Ihr an Gott, der das Wunder des Lebens schafft?
- Glaubt Ihr an Jesus Christus, hilflos als Kind geboren, aufgewachsen im Schutz einer Familie, liebevoll zu allen Menschen, gefoltert und gestorben am Kreuz und auferstanden zu neuem Leben?
- Glaubt Ihr an den Heiligen Geist, den Geist der Liebe, den Geist, der neues Leben wachsen läßt, den Geist, der Vergebung und Neubeginn schenkt, den Geist, der uns auf ein neues Leben hoffen läßt?

Apostolisches Glaubensbekenntnis

4. ABSCHLIESSENDE RITEN

Siehe: Die Feier der Kindertaufe

Lied: Menschenkinder auf Gottes Erde

2 Der Regenbogenfisch —
Schenken macht reich

Vorbemerkungen und Vorbereitungen

Viele Kinder kennen z.B. aus dem Kindergarten die Geschichte vom Regen-
bogenfisch. Diese Geschichte wird in Beziehung gesetzt zur Geschichte des
Zachäus: Solange er alles für sich behielt, war er reich, aber einsam; als er
verschenkt, gewinnt er viele Freunde.
Die Eltern haben für jeden Täufling ein blaues Plakat vorbereitet; in der
Mitte ist ein großer Fisch mit dem Namen des Täuflings. Außerdem sind
viele kleine Fische mit den Namen der Verwandten auf dem Bild. Zu den
Fürbitten kleben Eltern, Paten, Geschwister und andere Gäste je eine
Schuppe auf den Fisch des Täuflings und eine weitere auf einen anderen
Fisch. Auf den Schuppen stehen Bitten/Wünsche.

ZUR TAUFFEIER

1. EINGANGSRITEN

Lied: Unser Leben sei ein Fest

Vorstellung der Tauffamilien und Paten

Kreuzzeichen auf die Stirn der Täuflinge

Gebet

Herr, schenke den Kindern den Glauben an den lieben und barm-
herzigen Gott, der sie ein Leben lang begleitet und ihren Namen in
der Hand trägt.

135

Herr, schenke ihnen die Hoffnung, die stärker ist als Angst und Not, die hinausreicht über dieses Leben in die Ewigkeit hinein.

Herr, schenke ihnen die Gerechtigkeit, die jedem gibt, was ihm zusteht: ein barmherziges Herz.

Herr, schenke ihnen Tapferkeit für das richtig Erkannte einzutreten und nicht liegenzubleiben, wenn sie zu Fall gekommen sind.

Herr, schenke ihnen deine unendliche Liebe, dann werden sie glücklich sein und andere froh machen können. Wir bitten dich darum durch Christus, unsern Bruder und Herrn. Amen.

(P. Roth)

2. WORTGOTTESDIENST

Liebe Kinder,

Ihr kennt die Geschichte vom Regenbogenfisch. Er hatte wunderschöne bunte Schuppen. Darauf war er so stolz, daß er mit niemand spielen wollte. Einmal schwamm ein kleiner Fisch zu ihm und fragte ihn: Darf ich eine deiner bunten Schuppen haben? Aber der Regenbogenfisch sagte: Nein! Die schönen Schuppen gehören mir allein. Erschrocken schwamm der kleine Fisch fort.

Nun war der Regenbogenfisch ganz allein. Niemand mochte ihn, weil er alles für sich alleine behalten wollte.

Da schwamm der Regenbogenfisch zum großen alten Tintenfisch und fragte ihn: Wie kann ich Freunde finden? Der Tintenfisch sagte ihm: Versuchs einmal und schenke andern Fischen eine von deinen schönen bunten Schuppen. Das hat der Regenbogenfisch getan. Alle andern Fische haben sich gefreut und miteinander im Wasser getobt.

(nach Marcus Pfister)

Liebe Kinder,

der Regenbogenfisch war einsam... Wie kam es dazu?

Der Tintenfisch gibt ihm einen guten Rat...

Als er seine Schuppen verschenkt, ist er nicht ärmer, denn...

So ähnlich ist es einmal einem Mann ergangen; er hieß Zachäus.

Liebe Kinder,
wenn jemand alles für sich behält, macht es keinen Spaß, mit ihm
zu spielen oder zusammenzusein. Das ist bei Menschen ganz genauso. Vor vielen Jahren lebte ein Mann, er hieß Zachäus. Zachäus
war sehr reich. Das Geld hatte er den andern Leuten abgenommen.
Natürlich hatte er keine Freunde. Aber eines Tages kam Jesus in die
Stadt, wo Zachäus wohnte. Hört, was da geschah:

Aus dem Evangelium nach Lukas
Einmal kam Jesus in die Stadt Jericho. Dort wohnte ein Mann, er
hieß Zachäus. Er war Zollaufseher und sehr reich. Gerne wollte er
Jesus sehen, aber er war klein und die Leute ließen ihn nicht durch.
Da lief er voraus und kletterte auf einen Baum, um Jesus zu sehen,
wenn er dort vorbeikäme. – Als Jesus dorthin kam, schaute er hin-
auf und sagte zu ihm: Zachäus, komm schnell herunter. Heute will
ich dein Gast sein. Da stieg er schnell herunter und nahm Jesus mit
Freuden auf. – Die Leute aber schimpften über Zachäus und über
Jesus, weil er bei einem Betrüger zu Besuch war. Nach dem Essen
sagte Zachäus zu Jesus: Herr, jetzt will ich die Hälfte von all meinem Geld und Besitz den Armen geben. Und wenn ich von jemand
zuviel gefordert habe, gebe ich ihm viermal soviel zurück. Da sagte
Jesus: Heute hat Zachäus das Glück gefunden. Ich bin gekommen,
um Menschen zu suchen und zu retten, die verloren sind.
(Lk 19,1–10)

Zachäus war sehr reich, aber...
Als Jesus zu ihm kommt, ändert er sich...
Jetzt hat er weniger Geld, aber...
Es ging ihm so ähnlich wie dem Regenbogenfisch.

Liebe Eltern,
Sie haben zur Taufe Ihrer Kinder die Geschichte vom Regenbogenfisch gewünscht. Dies zeigt mir, daß Sie davon überzeugt sind, daß
es sich lohnt, von sich zu verschenken. Ich vermute, daß Sie durch
Ihre Kinder die Erfahrung gemacht haben: Sie wurden reicher, als
Sie Ihrem Kind das Leben schenkten, viel mehr als wenn Sie sich
selbst irgendetwas kaufen. Und die Zeit, die Sie Ihrem Kind schen-

ken, erfüllt Sie mit tieferem Glück als mancher Abend vor dem Fernseher. Miteinander zu teilen macht in Ihrer Ehe und Familie mehr Freude, als etwas nur für sich zu haben. Geben Sie diese Erfahrung Ihren Kindern weiter und erzählen Sie ihnen von der Großzügigkeit Jesu und so vieler Heiliger! Das ist für das Glück Ihrer Kinder wichtiger als eine Ellenbogenmentalität, die nie genug für sich bekommen kann. Durch die Taufe sollen die Kinder zu Jesus gehören. Sie sollen so liebevoll und großzügig wie Jesus werden und viele gute Freunde haben. Für die Zukunft der Kinder haben die Eltern Bitten vorbereitet und auf Fische und ihre Schuppen geschrieben. Lesen Sie Ihre Bitten nun vor:

Fürbitten

Gott, alleine können wir nicht leben und nicht glücklich werden. Wir bitten dich:
— für NN, NN und NN: laß sie die Liebe guter Menschen erfahren...
— mach sie bereit, mit andern Menschen zu teilen...
— laß sie stets gute Freunde haben...
— mach sie großzügig gegenüber anderen Menschen...
— gib ihnen gute Ratgeber in Schwierigkeiten...
— bewahre sie vor Geiz und Überheblichkeit...
— ...
Nun können alle eine Schuppe auf den Fisch des Taufkindes kleben und eine Schuppe auf einen anderen Fisch.

Dazu Lied: Kleines Senfkorn

3. FEIER DES SAKRAMENTS

Siehe: Die Feier der Kindertaufe

Taufbekenntnis mit Bezug auf das Thema

— Widersagt Ihr dem Bösen?
— Widersagt Ihr der Habgier, die alles für sich behalten will?
— Widersagt Ihr der Ungerechtigkeit, daß Reiche zu viel und Arme zu wenig haben?

— Glaubt Ihr an Gott, der die Welt wunderbar geschaffen hat?
— Glaubt Ihr Jesus, der mit den Menschen das Leben teilte: Freude und Leid, Brot und Glauben?
— Glaubt Ihr, daß wir im Geiste Jesu immer wieder neu beginnen dürfen?

Apostolisches Glaubensbekenntnis

4. ABSCHLIESSENDE RITEN

Siehe: Die Feier der Kindertaufe

Schlußlied: Der Himmel geht über allen auf

3 Was Hände sagen

Vorbemerkungen und Vorbereitungen

Die Familien bereiten je einen Plakatkarton vor: In die Mitte schreiben sie den Namen des Täuflings, darüber bzw. darunter Geburts- und Taufdatum; ringsum werden nach den Fürbitten Papierhände von Eltern, Geschwistern, Paten und anderen Gästen mit Wünschen/Fürbitten für den Täufling aufgeklebt. – Je nach Zeitrahmen können teilnehmende Schulkinder während der Feier in einem Nebenraum ihre Hände auf farbigem Papier aufmalen, ausschneiden und beschriften, während der Priester zu den Erwachsenen spricht.

Variation: Jede Familie gestaltet eine große Hand in ihrer Farbe; diese Hand wird auf eine Stellwand befestigt. Auf die Familienhand werden kleine Hände mit Wünschen aufgeklebt, auch von den andern beteiligten Familien in deren Farben.

Texte zur Auswahl

Sind so kleine Hände, winz'ge Fingern dran,
darf man nie drauf schlagen, die zerbrechen dann.
Sind so kleine Füße mit so kleinen Zehn,
darf man nie drauf treten, könn' sie sonst nicht gehn.
Sind so kleine Ohren, scharf und ihr erlaubt,
darf man nie zerbrüllen, werden davon taub.
Sind so kleine Münder, sprechen alles aus,
darf man nie verbieten, kommt sonst nichts mehr raus.
Sind so klare Augen, die noch alles sehn,
darf man nie verbinden, können sie nichts mehr sehn.
Sind so kleine Seelen, offen und ganz frei,
darf man niemals quälen, gehn kaputt dabei.

Ist so'n kleines Rückgrat, sieht man fast noch nicht,
darf man niemals beugen, weil es sonst zerbricht.
Gerade klare Menschen wär'n ein schönes Ziel,
Menschen ohne Rückgrat gibt es schon zuviel.
(B. Wegener)

Die beiden Hände
Es sagte einmal die kleine Hand zur großen Hand:
Du große Hand, ich brauche dich,
so wie die Blume emporrankt am Holz, das ihr Halt gibt.
Ich bedarf deiner Kraft und deiner Erfahrung mit all den Dingen,
die du gestaltest.
Ich möchte lernen von dir,
wie man das Schwächere birgt, hegt und behütet:
den jungen Vogel, der aus dem Nest fiel,
und die Geschöpfe, die uns Menschen anvertraut sind,
wie man den Strauchelnden hält und dem Geängstigten Mut gibt,
wie man dem Unrecht wehrt und für das Notwendige einsteht.
Ich bitte dich, daß ich dir zugewandt sein darf ohne Arg
und daß du nach Zeiten der Arbeit und Mühe mit mir spielen wirst
und dich auftust dem Leben, das uns gemeinsam ist.
Und es sagte die große Hand zur kleinen Hand:
Du, kleine Hand, ich brauche dich,
damit ich nach Hasten und Lasten der Tage einmal ausruhen kann
und gelöst sein und feiern, hingegeben an Sonne und Wind.
Ich möchte lernen von dir das so lange vergeß'ne Vertrauen:
Einer ist da, der mich hält und führt und begleitet!
Mit dir möchte ich wieder ein Gebet versuchen,
das sich bittend dem hingibt,
in dessen Treue wir alle geborgen sind —
auch die Zweifler.
(G. Kiefel)

Umgestalteter Text:

Es sagte einmal die kleine Hand zur großen Hand:
Du, große Hand, ich brauche dich,
weil ich bei dir geborgen bin.

Ich spüre deine Hand, wenn ich wach werde und du bei mir bist,
wenn ich Hunger habe und du mich fütterst,
wenn du mir hilfst, etwas zu greifen und aufzubauen,
wenn ich mit dir meine ersten Schritte versuche,
wenn ich zu dir kommen kann, wenn ich Angst habe.
Ich bitte dich: Bleibe in meiner Nähe und halte mich!
Und es sagte die große Hand zur kleinen Hand:
Du, kleine Hand, ich brauche dich,
weil ich von dir ergriffen bin.
Das spüre ich, wenn ich viele Handgriffe für dich tun darf,
wenn ich mit dir spielen und herumtollen kann,
wenn ich mit dir kleine, wunderbare Dinge entdecke,
wenn ich deine Wärme spüre und dich lieb habe,
wenn ich mit dir zusammen wieder beten und danken kann.
Ich bitte dich: Bleibe in meiner Nähe!

Lieder zur Auswahl

Wer unterm Schutz / Er hält die ganze Welt / Ich gebe dir die
Hände / Es läuten alle Glocken / Wenn das Brot, das wir teilen,
2. Str.

ZUR TAUFFEIER

1. EINGANGSRITEN

Lied: Er hält die ganze Welt in der Hand *oder* Wer unterm Schutz
des Höchsten lebt

Begrüßung

Vorstellung der Familien und Paten

Gebet

Gott, unser Leben und unsere Zukunft sind in deiner Hand. Wir bitten dich: Halte deine schützende Hand über die Kinder, die heute getauft werden, und über uns alle. So bitten wir durch Christus.

anderes Gebet der Eltern (wenn nur ein Kind getauft wird)

Herr, dieses Kind, dir dargebracht,
du hast es uns gegeben
nicht als Besitz, nein, nur als Pfand.
Wir legen es in deine Hand
und bitten um den Segen.-
Wir kennen seine Zukunft nicht,
sein Hoffen und Verlangen.
Schenk du ihm die Geborgenheit,
die Liebe, die dem Haß verzeiht.
Nimm du sein Herz gefangen.-
Gib, daß sein Leben glücklich wird.
Laß es dein Wirken sehen
trotz allem Elend, Tod und Krieg.
Mach, daß es spürt: Dank deinem Sieg
wird alles neu erstehen.
(Eva-Maria Tobler-Zeltner)

2. WORTGOTTESDIENST

Spiel und Gespräch mit teilnehmenden Kindern

(Kinder im Alter von ca. 2–10 Jahren werden nach vorne gebeten)
Ich möchte heute mit Euch über die Sprache der Hände sprechen.
Mit den Händen können wir nämlich vieles sagen, z. B.
— *(mit der Hand herbeiwinken)*
— *(auf Wiedersehen winken)*
— *(eine Faust ballen)*
— *(mit den Fingern zählen)*
Ich lese euch nun eine Geschichte von Jesus vor. Nachher wollen wir überlegen, welche Handbewegungen dazu passen, und die Geschichte dann spielen.

Aus dem Evangelium nach Markus

Damals kamen Eltern mit ihren Kindern zu Jesus. Die Jünger aber wiesen sie schroff ab. Da wurde Jesus ärgerlich. Er ließ die Kinder zu sich rufen, legte ihnen die Hände auf und segnete sie.

(Mk 10,13–15)

Drei große Jungen oder Mädchen und drei kleine sind die Eltern mit ihren Kindern; die andern bleiben bei mir: Ihr seid die Jünger, die Freunde Jesu. Ihr Eltern kommt von dort mit den Kindern:
Wie hielten Eltern und Kinder die Hände? *(an der Hand nehmen)*
Die Jünger weisen sie ab. Welche Handbewegung paßt dazu?
Jesus ist ärgerlich und sagt den Jüngern: Das war nicht gut. Wie zeigt er das? *(mit dem Zeigefinger drohen)*
Er ruft die Kinder herbei... *(herbeiwinken)*
Er umarmt die Kinder und legt ihnen die Hände auf. Was bedeutet das?
Wir wollen alles nun noch einmal spielen, während ich die Geschichte erzähle.

Spiel

Danach: Zu unserem Spiel paßt das Lied: Es läuten alle Glocken

zusätzlich oder anstelle des Spiels: Predigt

Liebe Eltern, liebe Paten und Gäste,
Sie haben sich für die Taufe Ihrer Kinder das Thema Hände gewählt. Es gibt nach dem Gesicht wohl kein Körperteil, das so viel über uns ausdrücken kann wie die Hände. Wenn ich Ihnen jetzt Fotos mit Händen zeigte, so könnten Sie oft an der Hand viel über die Person erkennen, der diese Hand gehört: Die Hand eines Kindes ist anders als die eines alten Menschen; eine Hand zeigt die Schwielen körperlicher Arbeit – anders ist die Hand eines Geigenspielers.
Viel mehr aber noch zeigt die lebendige Hand in Bewegung:
die Hand kann abweisen und die Hand kann einladen, begrüßen und umarmen,
die Hand kann eine Brücke zu anderen schlagen, wenn wir jemand die Hand um die Schulter legen,

die Hand verletzt, wenn wir mit dem Finger auf jemand zeigen,
die Hand kann drohen und schlagen und sie kann streicheln und sich zur Versöhnung entgegenstrecken,
die Hand kann bitten, und sie kann reichen und schenken,
die Hand kann fühlen und ertasten,
und sie kann an sich reißen und festhalten.
Unsere Hände zeigen unsere Einstellung — im Guten wie im Bösen.
Das heutige Evangelium zeigt mir, wie Jesus sich unsere Hände, unsere Einstellung den Kindern gegenüber gedacht hat.
Da heißt es: Eltern kommen mit ihren Kindern zu Jesus. Sie kommen zu Jesus, weil sie glauben, daß dies ihren Kindern gut tut. Genau so stelle ich mir christliche Erziehung vor: Daß Eltern mit ihren Kindern zu Jesus kommen. Die Kinder nur zu schicken bringt nichts. Eltern und Kinder kommen gemeinsam — hoffentlich in der Überzeugung, daß dies für die Kinder schöne und gute Erfahrungen sind.
Die Jünger aber wiesen die Leute schroff ab. Eine Erfahrung, die Eltern manchmal machen: Andere fühlen sich durch Kinder gestört. Das gibt es leider sogar in der Kirche, im Gottesdienst. Aber das ist nicht im Sinne Jesu, im Gegenteil: Jesus ist ärgerlich. Er sagt seinen Jüngern, daß sie von den Kindern lernen können. Dann nimmt er sie in seine Arme, legt ihnen die Hände auf und segnet sie.

Liebe Eltern, Paten und Großeltern, im Grund drückt Jesu Verhalten Ihre wichtigsten Aufgaben für Ihre Kinder aus:
Nehmen Sie Ihre Kinder an der Hand und begleiten Sie Ihre Kinder auf ihrem Lebensweg. Und wenn sie einmal groß sind, lassen Sie die Hand los, aber seien Sie immer wieder bereit, sie Ihren Kindern entgegenzustrecken. Machen Sie es nie wie die Jünger, daß Sie die Kinder schroff abweisen, und lassen Sie sich nicht dadurch beirren, wenn andere wenig kinderfreundlich sind! Schenken Sie wie Jesus den Kindern selbstlose Zärtlichkeit! Wenn Ihre Kinder jederzeit zu Ihnen kommen können und bei Ihnen Geborgenheit finden, gibt ihnen das Sicherheit und Rückhalt in Schwierigkeiten.
Am Schluß des Evangelium hörten wir: Jesus legt den Kindern die Hand auf — zum Zeichen seiner Liebe. Jetzt darf ich Ihren Kindern die Hand auflegen und ihnen die Liebe Gottes versichern. Dann werden Sie Ihre Wünsche für die Kinder aussprechen (und den Kin-

dern dabei die Hand auflegen). Wir wollen unsere Wünsche Gott sagen und ihn bitten, daß er sie in Erfüllung gehen läßt.

ODER

Liebe Kinder,
wenn wir jemand Glück wünschen, dann reichen wir ihm die Hand und sagen unsern Wunsch. Heute wollen wir den Täuflingen zu ihrer Taufe gratulieren und ihnen gute Wünsche sagen. Aber leider können sie das noch nicht verstehen. Deshalb haben die Eltern Papierhände ausgeschnitten und ihre Wünsche daraufgeschrieben. (Wer noch einen Wunsch aufschreiben will, kann das auch jetzt noch tun.) Von jeder Familie werden nun die Paten/Eltern/Geschwister (und ich den Taufkindern die Hand auflegen und) ihren Wunsch vorlesen. Wir bitten Gott, daß dieser Wunsch in Erfüllung geht. Nachher werden die Papierhände von einigen Kindern eingesammelt und auf das Familienplakat geklebt.

Fürbitten

Gott, dein Sohn Jesus hat Kindern die Hände aufgelegt und sie so deinem Schutz anvertraut. Wir bitten dich heute:
- für die Täuflinge: schütze sie in allen Gefahren und segne ihre Zukunft...
- für alle Kinder: daß sie nie abgewiesen werden, sondern überall hilfreiche Hände erfahren...
- für Kinder, Eltern und uns alle: daß wir die Hände nicht gegeneinander erheben und uns nach Streitigkeiten immer wieder die Hände zur Versöhnung reichen...
- für die Eltern: daß sie ihren Kindern stets die Hand zu Hilfe entgegenstrecken, ihre Kinder aber nicht festhalten...
- ...

Lied: Ich gebe dir die Hände

3. FEIER DES SAKRAMENTS

Siehe: Die Feier der Kindertaufe

4. ABSCHLIESSENDE RITEN

Siehe: Die Feier der Kindertaufe

Vater unser *(dazu Hände zum Zeichen der Verbundenheit reichen)*

Segensgebet

Von Herzen wünschen wir Euch,
daß Ihr in Eurem Leben offenen Händen begegnet,
Händen, die Euch begleiten, die Euch geben,
die Euch stützen, die Euch lieben,
die zärtlich sind und trösten können.
Öffnet Eure Hände für die, die suchen,
für die, die sie brauchen und ersehnen.
Seid selbst liebevolle Hände für das Schwache,
das Kleine, das Kranke, das Gewaltlose.
Seid Hände für das Wesentliche in unserm Leben.
(Quelle unbekannt)

Segen

Lied: Wenn das Brot, 2. Str.: Wenn die Hand, die wir halten

VARIATIONSMÖGLICHKEITEN

Alternative Predigt

Liebe Eltern,
Erinnern Sie sich, wie Sie zum ersten Mal Ihr Kind in Ihren Händen
gehalten haben? Sie werden das wahrscheinlich nicht so schnell
vergessen: Ihr Kind, eine handvoll Leben – in Ihren Händen. Seitdem ist die Zukunft Ihres Kindes mehr oder weniger in Ihre Hand
gelegt. Das ist wunderbar.
In den ersten Monaten kann Ihr Kind die eigenen Hände nur wenig
gebrauchen, die Hände der Eltern reichen die Flasche zum Trinken
oder ein Spielzeug oder baden das Kind. Bald will Ihr Kind selbstän-
dig werden und selbst greifen, befühlen, schlagen und streicheln.

So kommt die Zeit, daß Sie Ihr Kind nur noch an der Hand nehmen – bei den ersten Gehversuchen, beim Treppensteigen, beim Überqueren der Straße. Immer öfter wird Ihr Kind ganz alleine etwas machen oder gehen wollen, und Sie lassen los. Nur so lernt ein Kind, das Leben in die eigenen Hände zu nehmen.

Was Sie, die Eltern, mit Ihren Händen tun, hat in meinen Augen immer auch Bedeutung in der Sicht des Glaubens.

Ich glaube: Ein Kind kommt zu uns bildlich gesprochen aus Gottes Hand. Nehmen Sie es dankbar aus seiner Hand an!

Weil diese Verantwortung so groß ist und wir ohnehin nicht alle Gefahren fernhalten können, stellen Sie bei der Taufe Ihr Kind unter Gottes Schutz. Er möge seine Hand über Ihr Kind halten.

Bald können Sie das tun, was wir im Evangelium hörten: Ihr Kind zu Jesus hinführen. Sie glauben, daß dies Ihrem Kind guttut. Ganz wichtig ist, daß Sie Ihr Kind auf dem Weg zu Jesus begleiten, es nicht nur schicken. Wie Hinführung zu Grunderfahrungen des Glaubens geschehen können, darüber haben wir beim Taufgespräch gesprochen.

Manchmal werden Sie vielleicht erleben, daß Kinder abgewiesen werden. Unsere Gesellschaft ist wenig kinderfreundlich; selbst die Jünger Jesu und Priester fühlen sich manchmal von Kindern gestört. Leider. Lassen Sie sich nicht abweisen. Niemand kann sich auf Jesus berufen, wenn er Kinder abweist. Der hat sich darüber geärgert und seine Jünger zurechtgewiesen.

Kämpfen Sie für Ihre Kinder, daß sie wichtig genommen werden. Ich finde das gerade auch im Blick auf die Zukunft wichtig: Gottes wunderbare Schöpfung soll für die Kinder erhalten bleiben und nicht aus Profitdenken zerstört werden!

Jesus liebt die Kinder. Er nimmt sie in seine Arme, legt ihnen die Hände auf und segnet sie. Ich glaube: Das ist das kostbarste Geschenk, daß Eltern ihren Kinder geben können, soweit die Kinder es selbst mögen: Daß Sie Ihr Kind in Ihre Arme nehmen und ihm Zärtlichkeit, Aufmerksamkeit, Zeit und Liebe schenken. Und wenn es einmal zu einer Enttäuschung kommen sollte: Strecken Sie dann die Hand zur Versöhnung aus.

An all das kann die Hand Sie erinnern, die Sie zur Taufe heute gestaltet haben.

Zum Zeichen dafür, daß das, was Jesus getan hat, nicht vergangen ist, sondern in unserer Zeit wieder Wirklichkeit werden soll und kann, lege ich den Täuflingen nun die Hand auf.

Sie haben viele Wünsche für Ihre Kinder. Wenn wir andern etwas Gutes wünschen, reichen wir dazu die Hand. Weil die Täuflinge die Wünsche noch nicht verstehen, haben Sie sie auf eine Papierhand geschrieben. Diese sollen nun an die große Hand befestigt werden, damit die Kinder später nachlesen können, was Sie ihnen heute mit auf den Weg gegeben haben.

Die folgenden Beispiele von Fürbitten wurden von Eltern verfaßt — als Anregung für die, die ihre Wünsche mit eigenen Worten ausdrücken möchten.

Fürbitten II

Gott, voll Vertrauen bitten wir dich:
— Laß unsere Kinder lernen, andern Menschen die Hand zu reichen und Achtung entgegenzubringen, auch über Grenzen hinweg...
— Schenke ihnen Einsicht und Hoffnung, damit sie ihre schützende Hand über deine Schöpfung halten und in Einklang mit ihr leben...
— Gib unseren Kindern NN, NN und NN die Kraft, Schwierigkeiten nicht auszuweichen, sondern sie mutig anzupacken und zu überwinden...
— Führe die Menschheit dazu, dafür zu sorgen, daß alle Kinder dieser Welt täglich eine Handvoll Reis und alles Lebensnotwendige erhalten...
— Hilf uns Eltern, unseren Kinder stets die Hand zu Hilfe und Versöhnung zu reichen...

Fürbitten III

— Wir wünschen Euch Geborgenheit in den Händen unseres Vaters im Himmel.
— Wir wünschen Euch Eltern, Verwandte und Freunde, die Euch den rechten Weg ins Leben weisen und Euch dabei begleiten.
— Wir wünschen Euch Hände, die Eure Wünsche, Pläne und Hoffnungen zum eigenen Wohl und zum Wohl anderer verwirklichen.

- Wir wünschen Euch, daß Ihr offenen Händen begegnet, die Euch helfen, den Alltag zu meistern.
- Wir wünschen Euch, daß Ihr Eure Hände für Menschen in Not öffnet.
- Wir wünschen unseren lebenden und verstorbenen Angehörigen und Freunden, daß ihrer Hände Werk von Gott belohnt werde.

4 Wir sind Haus Gottes

Vorbemerkungen und Vorbereitungen

Der Epheserbrief vergleicht die Gemeinschaft der Christen mit einem Haus: „Ihr werdet miteingebaut zu einer Wohnung Gottes". Genau das geschieht in der Taufe.

Die folgende Tauffeier fand während einer Reparaturmaßnahme in einer Kirche aus Ziegelsteinen statt, darauf wird natürlich Bezug genommen. Ohne diese konkreten Umstände sind entsprechende kleine Änderungen vorzunehmen.

Auf einem Plakatkarton ist eine Kirche aus großen Quadern aufgezeichnet. Auf einigen Steinen stehen schon zu Beginn der Tauffeier die Namen der Tauffamilien, auf anderen stehen die Namen und Arbeitsfelder von Mitarbeiter/innen der Gemeinde. Die Fenster sind frei: Dorthinein werden die Namen der Täuflinge gesetzt. Unter der Kirche: Kirche und Gemeinde St. ...

Oder: Auf einem Plakatkarton ist die Kirche aus Bausteinen vorgezeichnet. Entsprechend wurden z.B. Kartonstücke in Form und Farbe von Ziegeln ausgeschnitten und an die Teilnehmer/innen verteilt. Es ist leichter, wenn die Felder auf der Zeichnung und die Bausteine kleine Nummern tragen, damit man schneller weiß, wohin ein Stein gehört. Die Teilnehmer/innen schreiben auf die Steine ihren Namen und ihre Aufgabe in der Gemeinde, z.B. Mitarbeit in einem Gremium oder einer Gruppe, Beter, Gottesdienstteilnehmer/in, Spender, Mitglied. Auf dem Kirchturm ist ein Kreuz: Jesus ist der Schlußstein. Auch für die Täuflinge ist ein Stein mit ihrem Namen vorbereitet; dieser Stein wird nach der Taufe eingesetzt.

Eine Stellwand ist vorzusehen, außerdem Ziegelsteine.

ZUR TAUFFEIER

1. EINGANGSRITEN

Lied: Gott baut ein Haus, das lebt

Begrüßung

Unsere Kirche ist z. Zt. eine Baustelle. Nach vielen Jahren mußte eine größere Reparatur durchgeführt werden. Die Baustelle hat uns auf eine Idee gebracht. In unserer Sprache ist nämlich mit dem Wort „Kirche" seit ältesten Zeiten manchmal ein Gebäude gemeint, manchmal die Gemeinschaft der Christen. Der einzelne Christ ist wie ein Baustein. Durch die Taufe werden die Kinder in die Kirche aufgenommen, Paulus sagt: mitaufgebaut auf dem Fundament der Apostel. Deshalb steht unsere Tauffeier heute unter dem Thema: Jeder Mensch ist ein Baustein im Hause Gottes.

Vorstellung

Die Tauffamilien kommen mit einem Stein (oder dem Kartonziegel mit dem Namen ihres Kindes) zum Mikrofon und stellen sich und ihr Kind vor und erklären, warum sie ihr Kind taufen lassen. Eltern, Paten und Priester machen ein Kreuzzeichen auf die Stirn der Täuflinge.

Die Eltern sprechen gemeinsam das Gebet
Vater im Himmel, du hast uns unsere Kinder anvertraut. Wir freuen uns, daß wir sie haben. Wir freuen uns über alle guten Anlagen, die wir an ihnen entdecken.
Wir freuen uns, wenn sie gesund sind und heranwachsen. Wir freuen uns, wenn wir miterleben dürfen, wie sie sich entfalten.
Herr, wir danken dir für unsere Kinder. Wir wollen ihnen helfen, so zu werden, wie du sie haben willst. Wir wollen Geduld haben, wenn sie uns Sorgen machen. Darum bitten wir dich, Herr, segne unsere Kinder. Laß sie von Tag zu Tag mehr lernen, ihr Leben selbst in die Hand zu nehmen.

152

Gib ihnen einen Glauben, der ihr Denken und Tun durchdringt. Führe sie einmal zu dem Beruf, der ihnen Freude macht. Schenke ihnen Freunde, die sie verstehen und ihnen helfen. Und wenn sie auf die falschen Wege geraten, dann führe sie wieder zurück. Bleibe in unserer Familie; wir alle brauchen dich.

(GL 25,2)

2. WORTGOTTESDIENST

Jesus hat einmal von sich gesagt: Der Stein, den die Bauleute weggeworfen haben, ist zum Schlußstein geworden.

(Mt 21,42)

Und Paulus schreibt im Brief an die Epheser:
Früher habt ihr nicht zur Gemeinde Gottes gehört, ihr wart fern und fremd. Durch Christus seid ihr nah gekommen. Er ist unser Friede. Durch ihn seid ihr nicht mehr Fremde oder Diener, sondern ihr gehört zur Hausgemeinschaft Gottes. Ihr seid aufgebaut auf der Grundmauer der Apostel; Jesus Christus ist der Schlußstein. Durch ihn hat der ganze Bau Halt, und ihr werdet mit eingebaut zu einem Haus Gottes.

(Eph 2,12.19–21)

(Kinder werden eingeladen, nach vorne zu kommen)
(Ziegelsteine zeigen): Schaut, was ich hier habe...
Was kann man damit tun?
Auch dieses Haus, diese Kirche *(in den Raum und auf die Stellwand zeigen)* ist aus solchen Steinen gebaut.
Die Kirche besteht nicht nur aus Steinen, zur Kirche gehören ... (Wie sind wir in die Kirche hereingekommen?)
Damit es in der Kirche nicht dunkel ist... *(Lampen, Fenster!)*
Zur Kirche gehören nicht nur viele Sachen...
Am wichtigsten sind die Menschen. Der Apostel Paulus sagt: Wir sind die Hausgemeinschaft Gottes, wir sind wie Steine aufgebaut zu einem Haus. Und: So wie viele Steine ein Haus sind, so sind viele Christen...
Das könnt Ihr auf diesem Bild sehen. Heute werden ... Kinder ge-

tauft und so in unsere Kirche aufgenommen. Eltern, Paten und Geschwister strahlen. Deshalb wollen sie die Namen der Taufkinder auf die Fenster kleben: Durch die Kinder wird es hell in unserer Gemeinde.

ODER

Wir alle sind die Bausteine der Kirche; deshalb bitte ich alle, ihre Bausteine auf diese Zeichnung der Kirche aufzukleben; die Kindern werden durch die Taufe eingefügt, deshalb fügen wir die Steine mit den Namen der Tauflinge nach der Taufe ein.

dazu Lied: Kommt, sagt es allen, 1.+2. Str.: Sein Haus hat offne Türen...

Predigt

Liebe Eltern, liebe Freunde der Tauffamilien,
schon als Ihr Kind unterwegs war, haben Sie wohl überlegt: Wo soll das Kinderzimmer sein? Wo soll das Bettchen stehen? Wo kann das Kind spielen? Kinder brauchen Raum, am besten einen eigenen Raum. Manchmal rücken die Eltern dafür zusammen, manchmal suchen sie eine größere Wohnung, manche haben beim Bauen gleich ein Kinderzimmer vorgesehen und jetzt wird es eingerichtet. Kinder brauchen Platz.
Durch die Taufe bekommen die Kinder einen Platz in unserer Gemeinde, das sollte unsere kleine Aktion zeigen. Die Kinder können nicht nur gelegentlich zu Besuch in die Kirche kommen, sie sind nicht Fremde oder Menschen zweiter Klasse, nein, Paulus sagte: Sie gehören zur Hausgemeinschaft, sie sind mitauferbaut auf dem Fundament der Apostel. Sie, die Eltern, haben ein Recht, einen Platz für Ihre Kinder in unserer Gemeinde zu fordern, auch wenn wir Erwachsenen dafür zusammenrücken müssen. Umgekehrt: Wenn Sie sehr selten mit den Kindern zu uns kommen, fehlen sie uns, fehlt in unserer Gemeinde die Lebendigkeit, die Kinder ausstrahlen können. Ich bitte Sie, daß wir gemeinsam an einer Kirche, einer Gemeinde bauen, wo Ihre Familie und alle Menschen unseres Ortes einen Platz haben, wo sie willkommen sind und Geborgenheit finden.

Die Kirche aus Steinen schützt uns vor Regen und Kälte. Ich lege den Kindern nun die Hand auf und wünsche ihnen, daß Gott sie vor allem Bösen beschütze.

Auch die Paten haben sich Wünsche und Bitten für die Kinder überlegt und werden sie nun sagen:

Fürbitten

danach:

Lied: Zeige uns den Weg

3. FEIER DES SAKRAMENTS

Siehe: Die Feier der Kindertaufe

4. ABSCHLIESSENDE RITEN

Siehe: Die Feier der Kindertaufe

Nach der Taufe:

Einfügen des Steins der Täuflinge

Schlußlied: Ein Haus voll Glorie, GL 639, 1 + 3

5 Aufgenommen in die Kirche

Vorbemerkung und Vorbereitungen

Diese Tauffeier variiert den Grundgedanken der vorigen Tauffeier (Wir sind Gottes Haus). Daher können die biblischen Texte und die Predigt mit entsprechend veränderter Einleitung bzw. Überleitung genommen werden.
Am Eingang wird jedem ein Kiesel überreicht.
Im Altarraum ist eine Mauer aus Ziegelsteinen aufgebaut; davor stehen große weiße KS-Steine, für jeden Täufling einer; darauf ist ein Karton mit dem Namen eines Täuflings befestigt (Tesa). Bereitzustellen ist auch ein Korb mit Teelichten und Dochten.

ZUR TAUFFEIER

1. EINGANGSRITEN

Lied: Kommt, sagt es allen, 1. + 2. Str. (Sein Haus hat offne Türen)

Begrüßung

Vorstellung der Tauffamilien und Paten

Gebet

Guter Gott, das Leben der Kinder und auch unser aller Leben braucht einen Halt in den Stürmen des Lebens. Schenke uns diesen Halt im Glauben. Darum bitten wir durch Jesus Christus, unsern Bruder und Herrn.

2. WORTGOTTESDIENST

Einführung

(Kinder nach vorne)
Schaut Euch diese Steine an... *(auf die Mauer hinweisen)*
Wozu ist eine Mauer denn gut? *(Wenn es draußen regnet, kalt ist...)*
Von einem festen Haus bei Unwetter hat Jesus einmal gesprochen.

Ich lese vor aus dem Evangelium nach Matthäus
Jeder, der meine Worte hört und danach handelt, gleicht einem klugen Mann. Er baute sein Haus auf den Felsen. Da kam ein Platzregen, das Hochwasser stieg und der Sturm fiel über das Haus her. Aber es stürzte nicht ein, denn es war auf Felsen gebaut.
(Mt 7,24 f.)

So kann ein gutes Haus uns bei schlechtem Wetter schützen. Dazu braucht das Haus feste Mauern, aber die Mauern müssen Fenster und Türen haben, sonst...
Dieses Haus, unsere Kirche, hat große Fenster und Türen, damit Licht und Sonne durch die Fenster scheinen und Menschen durch die Türen hereinkommen.
...Kinder sind heute zum ersten Mal in die Kirche gekommen; für sie soll nun ein Platz bei uns sein. Dazu wollen wir die Mauer vorne so öffnen, daß für die Taufkinder Platz ist.

Aktion

Jedes Kind nimmt einen Stein aus der Ziegelsteinmauer. Die Kinder bilden einen Halbkreis. Ein Taufpate nimmt je einen der „Taufsteine" und stellt sich in den Halbkreis. Dann legen alle die Steine vor sich. – Eine Mutter verteilt die Teelichter; die Kinder stellen sie *(noch nicht angezündet!)* auf die Steine. Die jeweils anderen Paten stellen die Taufkerzen auf die Taufsteine der Kinder. Dann gehen alle zurück zu den Bänken.

Einleitung der Fürbitten

Bei Türken und Juden ist es so: Wenn jemand ein Grab besucht, legt er einen Stein auf den Grabstein. Das soll bedeuten: Ich war hier und habe an dich gedacht. So wollen zuerst die Paten einen guten Wunsch für ihr Patenkind aussprechen und dann den Stein, den sie am Anfang bekommen haben, auf die Taufsteine legen. Danach legen wir alle unsern Kieselstein auf einen Taufstein zum Zeichen dafür: Wir sind für die Kinder da, wir denken an sie.

Fürbitten

Guter Gott, wir haben viele Wünsche für die Kinder, die heute getauft werden. Aber es sollen nicht nur Wünsche sein; wir wollen uns selbst bemühen, den Kindern zu einer guten Entwicklung zu helfen. Doch wir sind schwach. Darum bitten wir dich, daß unsere Wünsche Wirklichkeit werden:

— Wir wünschen Euch gute Freunde in allen Lebenslagen.
— Wir wünschen Euch ein gesundes Empfinden für Recht und Unrecht.
— Wir wünschen Euch Durchsetzungsvermögen, aber auch die Fähigkeit, Euch eingliedern zu können.
— Wir wünschen Euch Gesundheit, Zufriedenheit und Ausgeglichenheit.
— Wir wünschen Euch, daß Ihr zu eigenständigen Persönlichkeiten heranreift.
— Wir wünschen Euch, daß Ihr in Eurem Leben offenen Händen begegnet, die Euch geben, stützen und trösten.
— Wir wünschen, daß Ihr Eure Hände öffnet für die, die sie suchen und brauchen.
— Guter Gott, du hast uns schon so viel geschenkt. Wir preisen dich durch Christus.

Alle legen ihre Steine auf die Taufsteine.

Dazu Instrumentalmusik

3. FEIER DES SAKRAMENTS

Siehe: Die Feier der Kindertaufe

4. ABSCHLIESSENDE RITEN

Siehe: Die Feier der Kindertaufe

Lied: Gott baut ein Haus

6 Jesus hat ein Herz für Kinder

Vorbemerkungen und Vorbereitungen

Die folgende Tauffeier hat den einen einfachen Gedanken: Kinder brauchen Liebe; das Herz ist Symbol dafür. Das kann auf vielfältige Weise sichtbar gemacht werden z. B. indem man den Aufkleber „Ein Herz für Kinder" zeigt oder indem man für jeden Täufling einen Luftballon in Herzform mitbringt und daran Wünsche/Fürbitten hängt, man kann einen Plakatkarton gestalten, indem Eltern Paten, Geschwister und andere Gäste ein Herz mit einem guten Wunsch aufkleben, man kann die Taufkerze mit Herzen aus Verzierwachs schmücken, man kann auf ein Heft mit Liedern und Texten zur Taufe Herzen malen.

ZUR TAUFFEIER

1. EINGANGSRITEN

Lied

Begrüßung

Vorstellung der Tauffamilien und Paten

Gebet

Gott, aus Liebe hast du die Welt so wunderschön gemacht und auch diese Kinder zum Leben gerufen. Wir bitten dich: Schenke diesen Kindern auch in Zukunft deine Liebe − und hilf auch uns, den Kindern deine Liebe weiterzugeben. So bitten wir durch Christus.

2. WORTGOTTESDIENST

Gespräch

(Kinder nach vorne rufen)
Schaut Euch das Taufheft an ...
Was bedeutet das (rote) Herz? *(Liebe)*
Das Herz kann auch Leben bedeuten: Haltet einmal Eure Hand auf
das Herz: solange das Herz schlägt ...
Das Leben eines Kindes beginnt unter dem Herzen der Mutter. Ein
Kind kann nach der Geburt nur weiterleben, wenn die Mutter und
viele andere Menschen ein Herz für das Kind haben und ihm Liebe
und Hilfe schenken, wenn sie es füttern, baden, warm anziehen
und mit ihm sprechen und spielen.
Auch Ihr könnt den Kindern Liebe schenken: Was könntet Ihr da tun?

Wir hören nun eine Geschichte von Jesus. Sie zeigt uns, daß Jesus
ein Herz für Kinder hatte.

Aus dem Evangelium nach Markus

Damals kamen Eltern mit ihren Kindern zu Jesus. Die Jünger aber
wiesen sie schroff ab. Da wurde Jesus ärgerlich. Er ließ die Kinder zu
sich rufen, umarmte sie, legte ihnen die Hände auf und segnete sie.
(Mk 10,13–15)

Woran erkennen wir, daß Jesus ein Herz für die Kinder hat? *(Er hat
Zeit, er ist zärtlich ...)*
Zur Erinnerung daran lege ich *(und legen auch Eltern, Paten und
Geschwister)* nun den Taufkindern die Hand auf.

Auch das nächste Lied erinnert uns daran: Gott liebt die Kinder!

Lied: Es läuten alle Glocken (Kehrvers: Gott liebt die Kinder)

Predigt

Liebe Eltern und Großeltern, liebe Paten und Gäste,
ein Herz für Kinder – das sagt sich leicht, und alle finden kleine
Kinder auf Fotos oder im Fernsehen süß. Aber im alltäglichen
Leben ist es mit dem Herz für Kinder oft nicht so weit her, da sind
die Kinder manchmal gar nicht süß. Sie wissen aus eigener Erfahrung, wie das ist, wenn Kinder nachts alle paar Stunden wach
werden oder wenn sie quengeln. Sie haben Erfahrungen mit den
älteren Geschwistern der Täuflinge: Wie wenig Verständnis man
am Arbeitsplatz hat, wenn die Mutter mit dem kranken Kind zum
Arzt muß.
Sie wissen, daß längst nicht jede Arztpraxis kinderfreundlich ist,
sie erleben, wie rücksichtslos Autofahrer selbst in Spielstraßen
sein können, und haben sich vielleicht auch schon geärgert, wenn
Leute ihren Hund auf dem Kinderspielplatz ausführten. Auch die
große Politik nimmt mehr Rücksicht auf große Verbände als auf die
Familien.

S i e haben sich trotzdem für Kinder entschieden! Ich gratuliere
Ihnen dazu von Herzen. Ich wünsche Ihnen, daß alle Liebe, die Sie
Ihren Kindern schenken, vielfältig auf Sie zurückkommt – so wie
Ihre Kinder das Lächeln erwidern, das Sie ihnen schenken. Ich
wünsche Ihnen, daß Sie durch das Leben mit Ihren Kindern erfahren, daß es im Leben wichtigere Dinge gibt als Beruf und Geld oder
Auto. Ich wünsche Ihnen, daß Sie durch Ihre Kinder andere Familien kennenlernen, die ebenfalls kinderfreundlich sind und sich
für mehr Kinderfreundlichkeit in der Nähe und in der Gesellschaft
einsetzen. Ich würde mich freuen, wenn Sie mit Ihren Kinder auch
Ihren Glauben und die Gemeinde wiederentdecken würden. Manche Erwachsenen haben irgendwann in ihrer Jugend den Kontakt
zum Glauben oder zur Gemeinde verloren, anderes stand im Vordergrund: die Freundin oder der Freund, die Ausbildung oder der
Beruf. Wenn sie Eltern werden, überlegen sie, was für ihr Kind
gut ist. Manche entdecken dann neu die Feste wie St. Martin oder
Weihnachten, sie kommen gern mit ihren Kindern zu Familiengottesdiensten und lesen ihnen abends Geschichten von Jesus vor,
oder sie sprechen mit ihren Kindern ein Gebet. Vielleicht hören Sie

als Eltern manches Evangelium ganz neu, etwa das heutige: Eltern kommen mit ihren Kindern zu Jesus, die Apostel aber weisen sie ab, weil die Kinder stören oder weil sie in den Augen der Apostel n u r Kinder, nicht so wichtig sind. Doch Jesus hat eine andere Sicht, eine andere Einstellung, für i h n stehen die Kinder im Mittelpunkt — so wie jetzt für Sie, liebe Eltern. Wie schön wäre es, wenn in unserer Politik oder in der Kirche die Kinder im Mittelpunkt stünden!

Liebe Eltern, in unserem christlichen Glauben steckt so viel mehr, als Vierzehnjährige meist ahnen! Ich wünsche Ihnen, daß Sie den Wert unseres christlichen Glaubens mit den Kindern neu erleben — auch für sich selbst und wenn die Kinder größer werden, und daß dieser Glaube Ihr Leben sinnvoller, reicher und glücklicher macht.

Wir wollen den Taufkindern wünschen, daß ihnen immer wieder so viel Liebe geschenkt wird, wie sie für ein glückliches Leben brauchen. Zum Zeichen dafür hängen Kindern, Eltern, Geschwister, Paten und andere Gäste ein Herz mit einem gutem Wunsch an diesen Luftballon / kleben sie ein Herz auf diesen Plakatkarton / ein Herz aus Verzierwachs auf die Taufkerze der Taufkinder.

danach

Lied: Das wünscht ich sehr

3. FEIER DES SAKRAMENTS

Siehe: Die Feier der Kindertaufe

4. ABSCHLIESSENDE RITEN

Siehe: Die Feier der Kindertaufe

Schlußgebet
(ein Kind spricht stellvertretend für die Täuflinge)

Lieber Gott, ich bin noch klein,
kann so vieles nicht allein.
Drum laß Menschen sein auf Erden,
die mir helfen, groß zu werden,
die mich nähren, die mich kleiden,
die mich führen, die mich leiten,
die mich trösten, wenn ich weine.
Lieber Gott, und dieses eine:
Wenn ich's einmal schlimm getrieben,
mach, daß sie mich trotzdem lieben.
(R. Schupp)

7 In den Stürmen des Lebens bei Jesus geborgen

Vorbemerkungen und Vorbereitungen

Einmal meldeten sich zwei verwandte Familien, die ihre Kinder im Alter von 8, 9 und 11 Jahren taufen lassen wollten. Letzter Anlaß zur Taufe war ein sehr belastendes Ereignis, das das Leben dieser Familien aufwühlte. Daher wünschte eine Mutter als Evangelium den Sturm auf dem See.

Die Taufe wurde in mehreren Gesprächen mit den Täuflingen, Mutter und Großmutter vorbereitet. Dabei hatten die drei Taufkinder je ein großes Bild vom Sturm auf dem See gemalt; ihre Bilder brachten sie zur Tauffeier mit. Außerdem brachten sie Wasser mit, das sie am Morgen der Taufe aus einer Quelle geholt hatten.

Bei der Vorbereitung hatten die Kinder überlegt, wo sie Böses erleben und widersprechen wollen; mit der Mutter waren die Fragen des Glaubensbekenntnisses formuliert worden.

An der Taufe nahmen viele Angehörige teil.

Die folgende Vorlage will den konkreten Hintergrund nicht leugnen, aber vorsichtig verallgemeinern; sie ist dadurch nicht so unbekümmert wie manche Tauffeier mit Säuglingen.

ZUR TAUFFEIER

1. EINGANGSRITEN

Lied: Wir feiern heut ein Fest

Begrüßung

Im Mittelpunkt unser Feier heute stehen die Kinder.

Ich bitte Euch drei: Nennt Euren Namen und sagt uns, warum Ihr heute hierher gekommen seid.

Ich frage die Eltern und Paten: Sind Sie bereit, die Kinder auf ihrem Glaubensweg zu begleiten und zu fördern?

Dann wollen wir gemeinsam ein Kreuzzeichen machen.

Gebet

Gott, wir feiern ein Fest, weil NN, NN und NN Christen werden wollen. Hilf uns allen, gute Christen zu sein – so wie Jesus. Jesus lebt in unserer Mitte, heute und in Ewigkeit.

2. WORTGOTTESDIENST

Aus dem Evangelium nach Matthäus

Jesus stieg in ein Boot, und seine Jünger folgten ihm. Plötzlich brach auf dem See ein gewaltiger Sturm los; das Boot wurde von den Wellen überflutet. Jesus aber lag hinten im Boot und schlief. Da kamen die Jünger zu ihm, weckten ihn und schrien: Herr, hilf uns, wir gehen unter! Er sagte zu ihnen: Warum habt ihr solche Angst? Glaubt doch an Gottes Hilfe. Dann stand er auf, drohte dem Sturm und dem See, und es wurde ganz still.

(Mt 8,23–26)

Gespräch: Die Kinder zeigen und erklären ihre Bilder

Anstöße zur Vertiefung

Bei Jesus auf dem Schiff sind viele Leute. Wer ist das?

Damals waren es die Jünger. Heute sind wir die Jünger Jesu.

Das ist ein schlimmer Sturm, in den die Jünger damals geraten sind.

Auch wir geraten in unserem Leben manchmal in Stürme und haben Angst...

Vielleicht fallen Euch solche Schwierigkeiten ein...

Als die Jünger damals nicht mehr weiterwußten...

Wenn wir Angst haben, können wir dasselbe rufen wie die Jünger damals.

Jesus sagt auch uns dann: Ich bin doch bei Euch, habt keine Angst. Dann werden wir ruhig.

Manchmal geht ein Schiff unter oder ein lieber Mensch wird schwer krank und stirbt. Auch dann brauchen wir nicht zu verzweifeln. Wir glauben: Jesus bleibt uns in Krankheit und Tod nah und ruft uns in ein neues Leben.

Jetzt singen wir das passende Lied zur Geschichte:
Christ fuhr übers Meer

Fürbitten

Die Fürbitten werden von den Paten vorgelesen
Gott, in allen Schwierigkeiten können wir dir unsere Bitten sagen:
— Behüte NN, NN und NN an Leib und Seele…
— Stärke ihren Glauben, daß du sie trägst, ganz gleich, was geschieht…
— Gib ihnen das Vertrauen darauf, daß du in jeder Not für sie da bist…
— Ermutige die Kinder auf ihrer Lebensfahrt…
— Öffne ihre Augen, Ohren, Herz und Verstand für die vielen Wunder deiner Welt…
— Hilf ihnen, auch das Schwere im Leben anzunehmen und sich über das Schöne und Gute zu freuen…
— Erinnere sie immer wieder daran, daß sie geliebt sind mit ihren Stärken und Schwächen…
— Laß sie auf ihrer Lebensfahrt nicht einsam werden; unterstütze sie darin, gute Freunde zu finden und selbst gute Freunde zu sein…
Vater im Himmel, höre unsere Bitten und erhöre uns durch Christus.

3. FEIER DES SAKRAMENTS

Siehe: Die Feier der Kindertaufe

Segnung des Wassers

Ihr habt heute früh dieses Wasser aus der NN-Quelle geholt. Das ist gutes, gesundes Wasser. Ohne Wasser gibt es kein Leben. Pflanzen vertrocknen, Tiere und Menschen verdursten ohne Wasser.
Wir wollen beten. Gott, du hast die Welt geschaffen: das Wasser und die Erde. Du hast das Leben geschaffen, auch unser Leben. Wir danken dir.
Wir bitten dich: Segne dieses Wasser. Es soll ein Zeichen des Lebens und der Lebensgemeinschaft mit Jesus sein. Denn Jesus hat zu seinen Jüngern gesagt: Geht in alle Welt, macht alle Menschen zu meinen Jüngern und tauft sie. Erfülle dieses Taufwasser mit der Kraft des Heiligen Geistes, so bitten dir durch Christus.

Taufbekenntnis

Einleitung zum Thema Widerspruch: Christ kann nur werden, wer bereit ist, zu widersprechen und zu widerstehen, wo Unrecht geschieht. Seit ältester Zeit steht daher bei der Taufe noch vor dem Glaubensbekenntnis dreimal die Frage, ob wir zum Widerspruch bereit sind. Drei Beispiele dafür haben die Täuflinge mit mir überlegt. Auf meine Frage „Was dann?" bitte ich alle um die Antwort: Wir widersprechen.
— Wenn Ihr erlebt, daß etwas Böses geschieht — in der Schule, auf dem Spielplatz — oder bei Ihnen an der Arbeitsstelle oder in der Nachbarschaft, was dann?
— Wenn Ihr erlebt, daß andere Kinder ausgelacht oder ausgeschlossen werden, weil sie kleiner oder Ausländer sind — oder wenn Sie mitbekommen, wie Fremde, Sozialhilfeempfänger oder Obdachlose benachteiligt werden, was dann?
— Wenn Ihr seht, daß andere Abfall einfach wegwerfen oder den Motor laufen lassen — oder wenn Sie erleben, daß andere leichtfertig Gottes Schöpfung belasten, was dann?

Nun frage ich dreimal nach unserem Glauben. Ich lade alle ein, auf die Fragen zu antworten: Wir glauben.
— Manchmal staunen wir, wie groß und schön die Welt ist: Wir staunen über die Sterne, über die Blumen, die Tiere und die Men-

schen. Kein Mensch hat das gemacht. Den Schöpfer der Welt nennen wir Gott. Glaubt Ihr an Gott?

- Vor fast 2000 Jahren hat Jesus gelebt. Er wurde als armes Kind geboren, er mußte mit seinen Eltern flüchten. Ein paar Jahre später hat er den Armen geholfen, die Kranken geheilt und den Menschen von Gottes Liebe erzählt. Glaubt Ihr an Jesus?
- Jesus ist getötet worden, aber er lebt weiter. Jesus lebt bei uns, wenn wir in seinem Geist miteinander teilen, wenn wir vergeben, wenn wir das Leben schützen. Glaubt Ihr an den Geist der Liebe?

Apostolisches Glaubensbekenntnis

Frage an die Kinder: Wollt Ihr getauft werden?

nach der Taufe Tauferneuerung:

Wir anderen wurden schon vor vielen Jahren getauft. Wir wollen uns immer wieder daran erinnern, daß wir getauft, daß wir Christen sind. Zum Zeichen dafür tauchen wir jetzt die Hand ins Taufwasser, machen ein Kreuzzeichen und sprechen die Worte der Taufe: Im Namen des Vaters und des Sohnes und des Heiligen Geistes.

4. ABSCHLIESSENDE RITEN

Siehe: Die Feier der Kindertaufe

Lied: Ein Schiff, das sich Gemeinde nennt

VARIATIONSMÖGLICHKEIT

Jesus reicht Petrus die Hand

Eltern setzen Schiffe auf den See

Aus dem Evangelium nach Matthäus

Jesus drängte die Jünger, ins Boot zu steigen und ihm ans andere Ufer vorauszufahren. Er stieg allein auf den Berg, um zu beten. Am Abend war das Boot mitten auf dem See und hatte schwer mit Wellen zu kämpfen, denn es war Gegenwind. In der Nacht kam Jesus über den See auf sie zu. Als die Jünger ihn kommen sahen, schrien sie vor Furcht auf; sie meinten, er sei ein Gespenst. Er aber redete sie sofort an und sagte: Habt Mut, ich bin es. Fürchtet euch nicht! Da sagte Petrus: Wenn du es bist, so laß mich zu dir kommen. Jesus antwortete ihm: Komm! Da stieg Petrus aus dem Boot und ging auf Jesus zu. Als er aber den Wind sah, fürchtete er sich. Er begann zu sinken und schrie: Herr, rette mich! Sofort streckte Jesus seine Hand aus, ergriff ihn und sagte zu ihm: Du hast einen kleinen Glauben. Warum hast du gezweifelt? Als sie ins Boot gestiegen waren, legte sich der Wind.

(Mt 14,22–32)

Petrus hatte Angst, unterzugehen, aber... Jesus reicht die Hand, Jesus läßt ihn nicht untergehen.

Diese Geschichte gilt auch für uns. Auch wir geraten in unserm Leben manchmal in Stürme, wir haben Angst, unterzugehen, das Wasser steht uns bis zum Hals. Wir dürfen dann zu Jesus rufen. Er will nicht, daß wir untergehen.

Vielleicht tauchen wir für kurze Zeit unter, aber dann läßt Gott uns wieder auftauchen, auferstehen.

Die Familien setzen nun ein Schiff mit den Namen der Taufkinder ins Wasser.

So haben Sie Ihre Kinder in die Welt gesetzt. Im Leben der Kinder kann es manchmal stürmisch, bedrohlich werden. Unser Glaube sagt uns: Wir dürfen Jesus um Hilfe rufen, der Glaube trägt uns.

Register

Bibelstellen

(a) = *auszugsweise*

Texte

*Soweit Rechteinhaber nicht ausfindig gemacht werden konnten,
bitten wir diese, sich an den Verlag zu wenden.*

Gottesdienst gestalten

Regina Törnig-Grohe (Hg.)
Gott ist los
Ökumenische Gottesdienste mit Schülerinnen und Schülern
144 Seiten, Paperback
ISBN 3-451-26397-1

Die hier vorgestellten zwanzig Gottesdienstmodelle wurden in Teamarbeit von Schülerinnen und Schülern mit ihren Lehrern erarbeitet und durchgeführt. Entstanden sind Gottesdienste, die ungemein ansprechend die Themen und Probleme der Jugendlichen aufgreifen. Gottesdienste, in denen sich Jugendliche wiederfinden.

Albert Dexelmann
Dies ist der Tag
Fastenzeit und Ostern in der Gemeinde gestalten
160 Seiten, Paperback
ISBN 3-451-26226-6

Neue Anregungen für die Gestaltung der Fasten- und Osterzeit. Ideenreich und lebendig präsentiert Albert Dexelmann Materialien für die Gemeindearbeit. Das Besondere: durch spezielle Elemente werden Kinder bei den Eucharistiefeiern einbezogen. So können sie gemeinsam mit der ganzen Gemeinde den Gottesdienst erleben.

Hans Bauernfeind / Karl Schlemmer
Feiern in Zeichen und Symbolen
Neue Modelle für priesterlose Gottesdienste
112 Seiten, Paperback
ISBN 3-451-26523-0

Da in Gemeinden immer häufiger auch die Sonntagsgottesdienste ohne Priester gefeiert werden müssen, werden hier zwanzig Modelle angeboten, einen solchen Gottesdienst zu gestalten: Im ersten Teil wird das Wort Gottes gehört und für das heutige Leben bedacht. Im zweiten Teil wird dann die Feier des Wortes Gottes in einer Zeichen- und Bewegungsliturgie vertieft und damit der Zuspruch Gottes mit den Sinnen erfahren.

Verlag Herder